북촌에서

현대수필가100인선Ⅱ·33

북촌에서

김훈동 수필선

수필과비평사 · 좋은수필사

■ 책머리에

수필은 누구나 부담 없이 읽고, 마음만 먹으면 직접 쓸 수도 있는 가장 친근한 문학이다. 다른 영역의 문학이 영상매체에 밀려 신음하고 있는 중에도 수필 인구만은 날로 증가하여 바야흐로 수필 전성시대를 구가하고 있는 이유도 거기에 있을 것이다.

시대적 추세에 힘입어 수많은 수필전문지, 수필동인지가 창간되고, 이에 비례하여 신진 수필가도 날로 늘어나다 보니 이제는 그 많은 작가, 그 많은 작품 중에서 문학성 높은 작품을 가려 읽는 일이 쉽지 않게 되었다. 이런 현상은 작가에게나 독자에게나 결코 바람직한 일이 아니다. 더 나아가서는 수필을 연구하는 후세들에게도 큰 부담이 될 것이다.

이런 문제를 해결하는 데는 출판인도 마땅히 한몫을 감당해야 한다는 평소의 소신에 따라, 본사가 기꺼이 그 역할을 맡기로 했다. 그 첫 번째 사업으로 시대를 대표할 만한 수필가 100인을 선정하고, 작가가 자선한 40편 내외의 작품을 수록한 문고본을 발간하여 이를 널리 보급함으로써 그 소임을 다하고자 한다.

본사는 사명감을 가지고 이 사업을 추진해 나가기로 했다. 작가 선정을 전담할 편집위원회를 구성하고 전권을 위임하여 일체의 사적인 정실이나 청탁을 배제함으로써 전문성과 공정성을 확보해 나갈 것이다.

따라서 이 기획물 속에는 작가의 문학정신뿐만 아니라, 본사의 문학사적 기여 의지와 편집위원 제위의 수필문학에 대한 애정과 문인으로서의 양심이 함께 담겨 있음을 자부한다. 다만, 작가를 선정하는 기준에는 많은 견해의 차이가 있을 수 있고, 선정 과정에서도 미처 챙기지 못한 부분이 있을 것이라는 사실만은 인정하지 않을 수 없다. 이 점에 대해서는 관계자 여러분의 양해 있으시기 바란다.

이 시리즈의 발간 순서는 작가, 또는 본사의 사정에 의한 것일 뿐 그 밖의 어떤 기준도 적용하지 않았음을 밝힌다.

본 기획물이 시대를 초월한 많은 수필 애호가들의 관심과 애정 속에 우리나라 수필문학 발전에 한 이정표가 되기를 바랄 뿐이다.

본사에서는 이상과 같은 취지로 『현대수필가 100인선』 전 100권을 완간하여 큰 반향을 불러일으킨 바 있다.

그러나 우리 수필문단의 규모나 수필문학의 수준에 비추어 선정 작가를 100인으로 한정하는 것은 형평성이나 효율성 면에서 크게 부족하다는 의견이 많았고, 본사 또한 이를 통감하던 터라 기꺼이 『현대수필가 100인선 Ⅱ』를 발간하기로 했다.

본사의 충정에 찬동하여 출판에 응해주신 저자 여러분께 진심으로 감사한다.

2015년 9월

수필과비평 · 좋은수필 발행인 서정환

현대수필가 100인선 간행 편집위원 박재식 최병호

정진권 강호형

오세윤

| 차례 | 현대수필가 100인선Ⅱ · 33

1_ 시로써 시를 말하고 마음을 쓰네

2_ 지금, 여기

3_ 붉은 유뮈

4_ 사람과 사람 사이

1부

이백의 환생

하늘에 달은 가득한데
지상에 사람 하나 없고
세상이 텅 비니
소리 하나 들리지 않네
누구 하나 만나볼 이 없는 세상이 되었으니
살았다고 살아있는 세상이 아니언만
구만리 밖 벗님네 소리 하나 날아오니
심봉사 청이 만났을 제 이러했을까
뜻 아니 만나보니 더더욱 청천 벽락일세
심심 어드메 약수가 이러하고
심심 어드메 산삼이 이러할까
새삼 이백의 정취가 그립고

살아있는 이백의 자취가 밟히는
여백의 하루
머지않으리

나에게 쓰는 편지 1

참으로 설레는 새해 첫날입니다. 지금 어떤 이유에서인지 모르지만 밝고 빛나는 기운 속에 있습니다. 올해는 문득 나에게도 '도약'이라는 비약적인 단어가 그 어떤 수혜를 줄 것만 같은 예감이 있는 것이지요. 어쩌면 살면서 처음 가져보는 확신일지 모르겠습니다. 내 안에 잠재되었던 약간의 어둠과 불안 그리고 회의 등의 비관적 정서들이 일순 확 걷히면서 오래전부터 갖고 있던, 아니면 태생적 자산이었던 순수로 돌아가는 느낌도 있습니다. 이제는 어른이 되어 아이 적 순수는 절대로 될 수 없지만 그것이 바탕이 되어 오랜 여행 끝에 들어선 다른 의미에서의 '순수의 재탄생'일 수도 있겠지요. 나는 참 많이도 울었습니다. 내 안에서 울음이 그치지 않아 세상 모르게 많이도 울었습니다. 그러나 이제 그 울음을 멈춘 지 일 년여. 아직 그 울음의 여진이 있어 이따금 눈물이 맺히지만 소리 내어 울지는 않습니다. 웃고 있어도 눈물이 흐르던 어제를 떠나 이제 비로소 한 걸음 내딛겠습니다. 걷는다고는 하였으나 사막이었고 그래도 가야만 해서 앞으로 나아갔지만 제 스스로의 회오리에 갇혀 더 나아가지 못했습니다. 사막 어딘가에 우물이 있을 거란 기대와 희망을 버리지 않았기에 '나'를 만날 수 있었겠지요. 아직 다 자라지 않았을 때 '그'를 만나 그래도 참 행복했습니다. 그러나 그때는 '그'를 깊이 볼 수 있는 시간과 공간이 마련되지 않아 인연이었으나 인연을 살아내지 못하였습니다. 그러나 지금 '나'를 만나 살면서 비로소 그 인연을 실감합니다. 운명을 읽어냅니다. 숙명이기도 하겠지요. 나는 이 인연을, 운명을, 숙명을 살아낼 것입니다. 그리고 내 삶이 내게 준 과제를 풀어낼 것입니다. 그저 스치는 삶이 내게 마련되지는 않았을 것이라는 확신이 있으니까요. 삶이 한 편의 희곡이라면 반드시 제게 빛나는 역할을 주었을 것이라는 믿음입니다. 그 믿음 안에서 소명을 찾아야겠지요. 저마다 크고 작은 감옥 속에 있는 사람이 참 가엾습니다. 간수나 죄수나 모두 제겐 연민의 대상입니다. 그 둘 누구도 아프지 않을 상처와 회복에 대한 기록을 써야겠지요. 둘 모두가 이해가 되는…. 실제의 내 마음이니까요.

내가 그리 아프다는데 나는 아무것도 어찌해 줄 수 없는 자리에 있소. 내가 그리 쓸쓸하다 하여도 내 어찌 그 깊이를 알 수 있으리오. 내가 그리 그리워하는 줄 알면서도 그 길을 좁혀 줄 수 없으니 용서해 주오. 그러나 아프다는 걸, 쓸쓸하다는 걸, 그리워하고 있다는 그 사실, 그 진실 하나는 내 어찌 모를 수 있으리오. 해마다 내가 그리 힘들어 넘는 이 봄 고개는 어쩌면 그리 길지 않고 높지 않지 않소. 그래도 내가 없던 그 봄 길과 내가 있는 그 봄 길은 조금은 달라야 하지 않겠소. 그렇지 않다면 이 봄 내 존재 이유는 어디서 찾을 수 있겠소. "내가 봄을 탄다."는 말을 들으며 나는 환히 웃을 수 있었단 말이요. 어머니께서 "여러 형제 중 네가 유난히 봄을 탄다."라는 말씀엔 코끝이 찡하였소. 품이 너르신 그 어른이 이른 봄 길목에서 나를 감싸주는 듯하였다오. 부디 자중자애할 수 있기를, 내가 나에게 주술처럼 남기는 바이오.

'나는 사랑받을 자격이 있는 사람이다.' 그렇게 속으로 읊어 보십시오. 마땅히 따뜻한 기운을 받게 될 것입니다.

"나마스떼!" (너에게 축복을!)

하늘 아래 평화의 땅, 그 캔버스에 한 해의 시작을 그렇게 그려놓습니다. 이만하면 축복입니다.

내 형편을 다 아시는

리래, 그렇게 병렬하니
바로 ㄹ자 항렬의 형제입니다.
그렇게나 강렬히 버티던 신념이 한번 무너지니
그 다음은 다시 인간의 마음입니다.
그처럼 성령께서 지켜주시지 않으면
무력한 동물이 인간이지요.
그러나 고래는 건강합니다.
전 같으면 다시 피폐해지는 현상으로 떨어졌겠지만
제가 손 놓지 않으면 그 손을 뿌리치지 않으시는 하나님께서
'네 형편을 내가 다 안다.' 하고 위로해 주십니다.
네가 지키는 코끼리는 그렇게 함께 가야만 하는 동역임을 일러주십니다.

언제고 뵐 수 있으니 그날까지 수고하자고 이르십니다.

아무렴요, 무엇을 못하겠습니까.

리의 오랜 짐을 생각하면 무엇으로라도 그를 위로하겠습니다,고 말씀드립니다.

아름다운 조각품을 만드는데 그만한 수고와 정성을 들여야 하는 건 마땅한 일이지요, 하고 답합니다.

다만 그 시간이 짧기를 기도합니다.

리래는 희망의 어미입니다.

우리는 우리의 우연 속에서 많은 기적을 봅니다.

단 둘의 독특한 여정 속에서 누구의 감독 없이도 홀로 시험을 보고 홀로 채점하고 홀로 벌주고 그렇게 건강하게 살아갑니다.

아니 이제 보니 단 한 분의 감독을 모시고 살고 있습니다.

언제부터 세상 모두를 한눈에 보고 계시는 절대자, 구원자이신 우리 주님께서 리래의 삶에 감독자가 되어 계십니다.

본시 리래는 자연의 정물이라 아무것도 가릴 것이 없지만 그래도 때로 부끄럽고 주님 뵙기 민망하지만 그 어떤 것도 가리지 않고 가릴 수 없음을 알고 있습니다.

다만 그분 사랑만을 간구하면서 그분 가운데서 평안을 구하게 됩니다.

하루의 시작이 무엇을 떨어뜨려 깨치는 것으로 시작된 하루 속에서 완성된 하루의 평안을 감사했습니다.

어찌 눈물 나지 않겠는지요.

오늘은 부현이 면접날이고 나는 무엇을 구하고 무엇을 빌어야 하는가를 떠올려 어젯밤부터 자복을 했습니다.

언젠가 50호 그림과 돌덩이를 들고 골고다 언덕을 오르던 날처럼 내게 형벌을 주었습니다.

밤 9시를 넘기면서 로마서를 두드리기 시작하였습니다. 제 16장까지로 이어지는 로마서를 타이핑하기 시작했습니다. 남들은 필사를 한다지만 그 느낌으로 시작하였습니다. 그러나 그 일은 결코 만만하지 않은 일이었지요. 시간이 네 시간을 넘겨 새벽 두 시를 향하는데 아직 8장을 넘기지 못하였지요. 리를 위한 기도이며 부현이를 위한 기도의 마음이고 자복의 마음이었지만 결코 만만한 시험이 아니었습니다. 끝을 향하면 그 밤을 새워야 하고 몸이 2004년 어느 날처럼 피오줌을 쏟게 될 거라는 염려가 있었습니다. 그래도 한다면 하는 성정으로 밀고 가려 했지만 성령께서 도우셨습니다. '아가야, 이제 그만 하자. 이러다 큰일난다. 내일도 할 일이 많잖니.' 하시는 말씀을 주시는 것이었지요. 레로서는 하지 못할 일을 성령께서는 해주십니다. 하여 손을 놓고 잠을 청하니 두 시를 넘기는 시각이었습니다.

다시 오늘입니다.

오늘 아침 기도를 마치고 8시부터 지금까지 세 시간을 이어 '로마서'를 완성했습니다.

누구도 검사하는 일 없고, 감독관은 내 마음의 중심을 아시지만 나와의 약속을 지키고 싶었습니다. 회초리로 매를 맞아야 한다고 믿었습니다. 하여 로마서를 마쳤습니다. 책으로 보면 길지 않은 분량이지만 손으로 두드리니 7시간을 넘기는 작업이 되었습니다.

리래는 형제이니 알아야겠지요.

래의 유형을 알아야겠지요.

고래는 그 바다를 그렇게 헤쳐 갑니다. 종당에는 혼자 가야하는 먼 길이니까요.

지금은 가끔씩 동앗줄이 되어 잡아주고 부표가 되어 소나무편이 되어 함께 유영하지만 그래도 너른 자연의 도형 속에서의 위치는 엄연하여 묵상의 시간 속에서는 눈물 나는 사연이지요. 그 사연이 '동물의 세계'입니다.

어릴 적에는 그렇게나 멀리 있는 그야말로 동물의 왕국 필름이었지만 세월이 지금에 이르니 어쩌면 그렇게 처연한 삶이던지요. 그들의 삶이 눈물겹습니다.

자, 이렇게 하여 고래는 모든 유영을 포기하고 모래바닥을 훑고 있습니다.

주님이 손잡아 주시기를 기다리면서,

반드시 치유하여 주실 것을 믿으며

이미 치료받은 얼굴입니다.

근육들은 경직되었으나 마음에는 환히 꽃이 피었습니다.

이 모두가 가난한 고래가 갖는 정성입니다.
이만치도 않으면 무엇으로 그분을 볼 수 있겠는지요.
늘 미안하고 고맙습니다.

쓰나미를 바라보며

우, 리는 잘 있지요?!

살아있음에 또다시 감사하는 아침입니다. 새벽기도를 마치고 멀리 있는 그대를 위한 편지를 엽니다.

아무것도 할 수 없던 지난 한 달여, 그 침묵을 용서하십시오. 그러나 그 정황은 지금도 마찬가지입니다. 언젠가 말씀드렸듯이 현실이라는 거리는 그만큼 무서운 힘을 가지고 있지요. 아무것도 클린하게 정돈되지 못하였고 서류상으로 정리할 일들이 산재한 채 무조건 새로운 터를 살라는 명령은 말처럼 쉬운 일이 아니었습니다. 마음을 먹는다 해서 그리되는 일이 아니었습니다. 이것이 엄연한 현실이겠지요. 아마 지금의 부연 안

개정국은 5월이나 되어야 클린해질 것 같습니다. 그리고 한 사람은 죽음과 싸우고 있는데 그리고 그 사람을 위해 서투른 기도를 하고 있는데 그 한 마음이 아무것도 할 수 없게 만듭니다. 그것은 마땅히 그래야 할 일이지요. 한 사람을 부축하여 생명을 불어넣는 일이 어디 쉬운 일이겠습니까. 나는 끝내 그 사람을 포기하지 않고 살리겠습니다. 온전히 주님께서 해주셔야 할 일이지만 이 고사리 손이라도 하나님 마음에 보태어야 할 충분한 이유 있음에 오늘도 무릎 꿇어 마음을 모으는 연유입니다. 그것이 또한 나를 사랑하는 모든 이들을 위한 기도이기도 하고 예이기도 할 거라는 믿음입니다.

이 세상에서 간절하고 간절한 일은 무엇일까요. 절실하고 또 절실한 일은 무엇이겠는지요. 눈앞에서 한순간 모든 것이 떠내려가는데, 휩쓸려가는데 우리는 과연 무엇을 잡을 수 있겠는지요. 내가 꼭 잡고 지켜야 하는 새끼도 어쩔 수 없이 놓치는 순간, 우리는 더 무엇을 말할 수 있겠는지요. 나는 세상 모두를 견딜 수 있을 것 같은데 '새끼'를 놓치는 그 처참함은 도저히 못 견딜 것 같습니다. 이제 어떻게 살아야 하는 것일까요. 그저 망연히 그 마음을 가늠해 볼 뿐입니다.

우리는 그들의 눈물을 보며 더 이상 떼쓰지 않기로 합니다. 우리에게 주어진 시간을 때마다 고맙게 살면 될 것입니다. 그 시간 그때가 최선입니다. 더 이상의 시간이 없다 해도 그 시간이면 최선이고 참이다 하는 그 마음과 시간을 살아야 할 것입니다. 그것으로 끝이다, 해도 받아들여야 할 것입니다. 어찌합니까. 그것으로 끝인데 말입니다.

래리를 보면 뜻으로 보나 모양으로 보나 영락없는 동행입니다.

증권사 시황 용어로만 듣던 '래리'입니다.

그 드넓은 초원을 절대로 함께할 수 없는 이들이 자국을 내며 걸었던 시간들이 주마등처럼 스칩니다. 역시 그들은 참 아름답습니다. 그들이 그린 그림도 참 순정합니다. 많이도 울었습니다. 그 눈물이 그래도 그 초원의 물기가 되어 많은 생명을 살렸을 것이라 믿습니다. 이 세상 어디에도 그리 순정한 눈물을 그렇게나 많이 쏟아낼 수 있는 능력을 가진 동물(?)들은 없을 것입니다. 걔네들이니까 그렇게 오랜 세월 변치 않고 흘리고 흘리고 흘렸을 것이고 앞으로도 흘릴 것입니다.

다만 그 무거운 몸을 이끌고 그 어려운 길을 함께한 수고는 절대 잊지 않을 것입니다. 아니 잊을 수는 없을 것입니다.

오랫동안 연필을 놓고 있어 할 말은 태산이나 오늘은 이만큼입니다.

상처더미 위에서 우, 리 이야기는 사치일 수 있으니까요.

천국으로의 동행

그들은 왜 래리에 동의했을까

참 오랜만에 바다로부터 편지가 날아들었다.

바다는 거기 그렇게 출렁이고 있는데 넘치지도 않고 모자라지도 않은 채 거기 늘 그렇게 있는데 소식은 날아들지 않았다. 가끔 먼 등대로부터 빛이 이따금 쏘이기는 하였다. 그래도 소년은 바다만 그리다가 어느 때는 지쳐 잠드는 때가 많았다. 꿈에서던가 바람개비를 들고 환히 웃고 달려오는 소녀를 얼핏 보았던가. 스쳤던가. 그래도 그런 꿈이라도 꾸는 날이면 두 손에 힘이 불끈 쥐어져 동네 한 바퀴 뛰어다닐 힘이 생겨 마을을 돌곤 하였다.

편지를 기다렸던가. 무언가 알 수 없는 회색의 그림자로 하여 삶에 있어 피로의 기미가 역력한데 그것을 무엇이라 표현해야 할지 몰랐다. 다만 멀어지는 뱃고동 소리처럼 가물가물 아련한 느낌, 이제 저 배가 떠나가면 과연 돌아오기는 할 것인가에 대한 염려, 저 배에 대한 대책 없는 연민 그런 것이었다. 그 배에 무엇을 실었기에 무엇을 담보하였기에 하여튼 선주된 마음이면서도 일단 항구를 떠난 배를 저만치 바라보면서 눈물 한 방울 흘리는 때도 있었다. 꼭 무엇이 가시적으로 보여야만 하겠는가. 내 젊은 날을 몽땅 담보하였던 내 삶의 한때, 그것이 망망대해로 버려지는 것은 아닌지 이즈음 흔히 출몰하는 해적선까지가 연상되는 날이면 민망하기까지 하여 그저 헛웃음을 웃으며 차라리 손을 털어보는 시늉을 하기도 했다.

소녀는 등 뒤에 작은 룩색을 메고 예의 장화를 신고 오늘도 몇 킬로를 걸었다. 가는 비가 내리는 오월의 하오. 어제는 거리예배를 보고 오늘은 그런 상상을 하며 경쾌히 걷는다. 어제는 눈물이 흐르는 것을 막지 못해 힘든 걸음이었다. 오늘은 비가 내림에도 상상의 나래로 하여 가볍다. 혼자 웃는다. 왜 그들은 래리에 동의하였을까. 세상에 많은 비유가 있으련만 그들은 왜 래리를 보고 감동하였을까.

혼자 상상한다.

고슴도치와 나비도 있고 두더지와 잠자리도 있고 소와 민들레도 있고 토끼와 상수리나무도 있으련만 그들은 유독 래리에 주목하였다. 인연이겠지. 그 순정한 그러나 그 두텁고도 고단한 몸새와 마음새를 가진 너와 그 번쩍이는 가운데 유독 가난한 몸새와 마음새를 가진 내가 그들의 품성에 주목하였던 것일 게야. 아프면 아무도 모르는 곳으로 숨어들어 자기가 쉴 자리를 찾는다지, 너는. 그런 면에서 너는 늘 능동적이고, 나는 그 화려한 몸새이면서도 날마다의 곡예나 아니면 깊은 곳에서의 유영으로 하여 숨은 자의 표적이 되어야만 하는 숙명이어서 할 수 없는 수동형이지. 남들은 그들을 그 반대로 보곤 하지만 분명 하나는 의지의 사람이고 하나는 무의지의 사람임이 분명하고 굳이 사람이 아닐 바에는 한 자연이라 표현한 적도 있었지.

그래도 무엇을 보든 그들은 한 일치를 보곤 하여 서로 환히 웃었다. 어쩌면 그리도 흔연한지. 디엔에이 조사를 마치기 전까지는 남남이지만 그들이 언제 누구의 표본이 되어 심층이 분석된다면 그들은 필시 한몸이었을 게야.

참 이상도 하지. 그때 이후로 가는 데마다 '리'ㅡ네가 보인다.

그리고 절대로 병치될 수 없는 자연, '래'ㅡ 내가 그 옆에 있을 때는 소스라치게 놀란다. 그 둘은 결코 같이 회자될 수 없는 조합인데 주목하고부터 그들은 함께 다닌다. 그리고 이렇게 네가 되고 내가 될 수 있는 이름이 되는 게 또한 신비롭다.

지금 바다가 보이는 이곳에 있는 게 순리인가.

문득, 해에게서 소년에게, 오랫적 시 제목이 떠오른다. 바다는 해가 될 수 있을까. 해가 되어 소년의 머리 위에 뜰 수 있을까. 꼼짝하지 못하는 바다는 수동형이지. 하나님은 그곳에서 해를 올리신다. 하여 바다는 해로 들려진다.(그래서 우리 삶에

한 번씩 기적이 일어난다)

생각하면 우리는 얼마나 많은 기적을 체험했던가. 감사해야지. 감사해야지. 그럼, 그렇고 말고.

너 있는 곳을 사람들은 천국이라 회자한단다. 그러나 한편 회벽으로 비유할 때 나는 애써 그곳을 천국이라 두둔한단다. 거기 '선한 목자'를 이제 발견하고는 비로소 그곳이 천국임을 꽝, 꽝, 꽝 세 번 울려 선포하는 것이야.

왜 어렵겠니. 천국으로의 동행이.

바다가 해가 되고 우리가 그 안에 들어가면 거기가 천국일 거야.

나는 어릴 적 동구 밖까지 뛰어 놀다 한걸음에 돌아와 그 따스한 할머니 품에 안기던 그 순정한 사내아이를 늘 떠올린단다. 그 아이는 유난히 눈이 동그랗고 유난히 정이 많아 유독 할머니 사랑을 많이 받았겠지. 알아야 볼 수 있는 것의 이치처럼 같은 사랑이라도 볼 수 있는 사람이 더 많이 받는 법이거늘 그 사내아이는 그렇듯 순정한 아이였다. 하나님께서 유독 하얗게 만들어서 아이는 세상살이가 유독 힘들었고 상처는 혼자 보듬어야 했지. 이제 그 만들어주신 그분께서 그 원형대로 아잇적 그 순정한 사내아이로 돌려주신다고 약속하신다. 우리는 그 약속을 믿고 해를 바라보고 천국을 향한다.

고래의 神曲에 接神하여

포경의 두려움을 망각한 비장함
수형을 감수하는 소명의식
우노丹心 감성을 神聖 영역으로 인도코저
노심초사하는 눈물겨운 연인이여
단테가 놀라서 어찌 깨어나지 않겠오
종달새 하늘 높이 노래하면 새날이 밝아지고
가슴 벅찬 신곡에 하늘길이
어이 소통되지 않으리오
편안함이 숨 쉬는 어머님 모습의 그 얼굴
동화의 꽃밭 속 피어있는 화사한 웃음 속 밝은 꽃
두메산골 바람 속 넉넉하고 순박한 그 자연의 풀향
사라져가는 아득한 고향 향의 샘이 진정

그리운 래의 無比一色의 원형이라 끼리가
어이 배아훈이체를 잊을 수가 있으랴
이 한 해가 가시고 있구려
무정세월아 가지를 말아다오
天道無親이라 하늘은 무정하고 삶이 순간인 것을
뒤돌아보면 보이는 것은 노을임을
나는 기다리며 여기 앉아 있다
기다려도 소용없는 것을 기다리면서
선악을 넘어서서
때로는 빛을
때로는 그림자를 즐기면서
이 밤 경인년을 배웅하네

擧 杯激 明月

對影 成三人

술잔 들어 明月을 부르니
내 그림자와 더불어 즐거이 세 사람이로다
어이 서러운 獨酌
李白의 月下獨酌일세

깊은 밤 벌레 소리에 가슴 여린 놈이 오래 불렀지

한 손에 술잔을 들고서
마음에 女人을 담고
세월을 마셔보노라

그날을 되새기면서

한강은 흘러흘러 멀어져 가려 한데
마음결에 뒹굴대는 생각의 물결이여

……
헤어져 본 사람만은 안다
수척한 겨울, 눈보라치는 이마에
억새밭이 얼어서 떨고 있는 의미를
그 넓은 소리 지평선까지 갔다 오는 동안
참기만 하면서 포기하는 네 나이의 고행.

그래 울어야 한다, 별들의 얼굴아,
북부 몬태나 주에서는 얼마나 어렵게
하늘과 땅이 만나 몸 녹이다가
새벽녘 되어서야 아쉽게 헤어지는지,
그리워해 본 사람만은 안다.

이방의 평원이 아니더라도 어디서나
(후략)

— 〈몬태나 평원〉 마종기

커다란 명제 앞에서 할 말을 잃고 눈앞에 달력을 보면서 정해진 시간과 공간을 생각합니다

큰 사람, 너른 사람, 깊은 사람, 높은 사람 어느 이름을 달아도 부족한 이름입니다.

평화로운 기운을 익히기 위해 화판 앞에 앉아 기도로써 여백을 메우렵니다. 그곳에 우주의 기운을 불러모아 한 생각만을 담고자 합니다.

나에게 쓰는 편지 2

그래도 만나야 한다. 만나지 않으면 모든 것이 썩지 않는가. 고통스럽더라도 만나야 하고 그들은 만나야 할 충분한 역사를 가지고 있기에 언제 어디서고 만나야 한다. 그가 들어서는데 그리도 당연하고 당연한 모습이다. 마치 아침저녁 무시로 드나드는 현관처럼 그는 들어섰다. 그의 심정 안에 그곳은 너무나 익숙한 곳이었을 것이다. 날마다 꿈에 드나들던 현관이었기에 그는 낯설지도 않고 그렇기에 머뭇거릴 이유는 더더욱 없는 것이다. 얼마나 벼르던 길인가. '내 이것을.' 하면서 벼르기를 수천 수만 번이었을 것이다. 그러나 그 상대는 그렇게 모질게 대할 대상이 아니었고 여전히 여리디여린 새순처럼 천연하다. 그 천연한 것이 어제까지 얼마나 그를 매혹하고 얼마나 열광케 하였던가. 그러나 지금은 그 천연함에 피가 거꾸로

솟는다. '네가 어떻게 나에게.' 하는 피 솟음이 그를 억제치 못하게 하여 다시 또 세상에서 가장 포악한 단어들을 찾아 공격한다. 그래도 상대는 차분히 응대한다. 차라리 무엇이라 소리 지르거나 승복을 보인다면 다행일 터인데 매순간 부정한다. 참을 수 없는 분노로 돌아선다. 그가 붙잡는다. 참을 수 없는 분노이지만 그래도 순응한다. 아무 일도 없는 것처럼 흔연히 음식을 나눈다. 늘처럼, 어제처럼 아니 평생의 그 일처럼. 그 시작이 어떠했던가. 그의 작은 시작은 그러하였다. 그리도 의젓하고 순전하였던 그 사람에게 평생의 아름다운 식사를 마련해주겠다는. 그를 따라나선 상대는 밥을 먹을 때마다 참 행복해했다. 아무도 그 사람에게 그리도 맛있는 밥을 준비해준 사람이 없었다는 고백을 그는 들을 수 없었으리.

그를 보내고 어찌할 수 없는 마음이 되어 망연히 시간을 보냈다. 그리고 다시 붓을 들어 아직도 미완인 화판을 메우며 마음을 진정시킨다. 아픈 그 사람을 도울 수 없는 한계를 어쩌지 못하고 이제 사람의 생각으로는 무엇도 할 수 없다는 명징한 진리 앞에 무릎을 꿇는다. 하나님께 지혜를 구하고 그의 안위를 맡기며 온몸이 탈진에 이른다. 하나님께서 주시는 지혜로 말씀을 전하지만 끝없이 저항하는 그를 보면서 많이 아팠다. 나는 갈 수 없는데 그가 하나님께로 한 걸음만 옮기면 한 순간이 축제가 될 터인데 갈 수 없는 나도 절대로 올 수 없다는 그도 둘 모두 무죄인 이상한 전쟁이다. 아무도 죄인일 수 없지만 둘 모두 사랑이기에 하나님의 '원죄'에선 벗어날 수 없다. 가만히 고개를 숙여 가슴 쪽을 깊이 묵상하면 내가 왜 죄인인가를 한 순간 깨우칠 수 있는데…. 그렇게 깨우쳤는데 그는 한 곳에 몸이 묶여 스스로를 풀지 못하고 내내 맴돌고 있으니 풀 수 없음은 물론이고 스스로를 계속 묶고 있으니 칭칭 감기고만 있을 따름이다.

별일 없냐고 여전한 염려의 말이 있다. 욕조에 물을 받고 치유의 소금을 풀고 뼈만 앙상히 남은 몸을 담근다. 그리고 성경말씀을 크게 틀어 놓았다. 한 시간쯤이었을까. 몸과 마음의 이완을 확인하고 당일의 상처를 매만진다. 아무도 자기의 상처를 도울 수 없는 일이기에 수단과 방법을 가리지 않고 자기를 살펴 자기의 몸을 도와야 할 것이다. 그래야 싸울 수 있지 않겠는가. 한 사람의 상처가 온전한 회복에 이를 때까지 도와야 할 책무가 있기에 여전히 그를 소중한 사람으로 간직하기에 그를 도와야 한다. 그 길이 뼈만 남은 사람도 돕는 일이다. 한 사람만 아프다고, 한 사람만 고난 중이라고, 한 사람만 처절한 일이라 생각하지 않기를 기도한다. 전 생애를 품은 한 사람이 아픈데 또 한 사람이 멀쩡하다는 것은 있을 수 없는 일이다. 더구나 또 한 사람은 기도하는 사람으로 살아가고 있지 않은가.

시계가 8시를 가리키고 있다.

이별 연습

그렇게 시작했습니다.

시멘트 기둥 뒤에서 그 사람이 안 보일 때까지 한참을 서서 기다리는 일이지요. 언젠가 있을 공동空洞을 연습하는 일은 말처럼 그리 쉬운 일이 아니지요. 그러나 그것을 해야만 하는 것이 내 앞의 삶입니다. 거기 그 사람이 있다는 것만으로도 세상을 다 얻은 것 같은 그런 가득한 삶에서, 많은 것을 가졌어도 몽땅을 잃어버린 것 같은 가난한 빈자의 삶을 받아들인다는 것은 말처럼 그리 쉬운 일이 아닐 것입니다. 맘속으로 재삼재삼 각오하고 외쳐보아도 그건 허상일 뿐 절대로 준비되지 않는 마음입니다. 그것은 어느 날 문득 만나야 할 아득한 절벽일 뿐이지 그것을 예비한다는 것은 너무 가혹한 형벌 같기만 합니다. 하여 나, 는 절대로 예비하지 않고 하루하루를 지금처럼 가득한 마음으로 살아낼 것입니다. 이 세상 어느 물질로도 계량할 수 없는, 계량될 수 없는 그 두터운, 도타운 외투를 벗어버릴 생각이 전혀 없다는 각오를 전하게 될 뿐입니다. 잡을 수 없어 한없이 가벼운 삶을 살고 있지만 비록 그것의 무게가 한없이 가벼운 삶으로 비유했으나 그것이 '황금 깃털'인 경우엔 그 비유가 얼마나 값진 그것이겠습니까. 오늘 나는 아무런 작정 없이 이 글을 시작하였으나 그를 생각하는 마음은 이렇게 순서 없이 꾸밈없이 속도를 이어갑니다. 사람들은 글장이의 글이 쉬울 것이라 이름하지만 마음이 없으면 절대로 이어지지 않는 게 글이고 보면 내 마음을 따라 적는 일은 오히려 쉬운 일이겠습니다. 언젠가 마음이 가는 곳에 물질이 간다는 비유와 다른 모습으로 닮아있는 문장이 되고 말았습니다.

당신,
이렇게 시작해봅니다.
함께 할 때 가벼운 당신,
멀리 있을 때 가득한 당신,
그 둘 모두 내게 너무 소중한 당신.

멀리 가지 말아요
어디에고 몸을 묶어

어느 명령에도 고개 숙이지 말고
하나의 절대 명제를 떠올려
세상 감옥을 살아주어요
세상은 본시 견뎌야 할 감옥입니다
그러나 거기 높은 창밖으로 푸른 하늘이 보이고
그 철창에 붉은 장미 한 송이 드리운다면
살아내야 할 이유 충분한 거 아닐는지요
만 권의 책을 읽어내었다는 어느 출옥수의 말처럼
좋아하는 책을 읽으면서
유유자적 그렇게 살아주어요
지치지 말고
울지 말고
고요한 마음을 키우며
지난 세월의 상처를 치유하면서
그렇게 살아주어요
자기 상처는 자기만이
치유할 수 있는 법이니
부디 그 길을 찾아 오래오래
백 살에 두어 살 더 사는 그 길 위에
당신, 서 있기를 기도합니다
나는 얼마 전부터 성전에 있습니다
사랑하는 사람을 위해 기도하는 삶을 시작하였습니다

당신께서도
기도의 삶을 시작하였으면 하는 소망은
마음속으로만 하고 있지요
무엇으로도 구속하지 않는
아름다운 인연이 아름다워
하늘의 기운을 믿기로 합니다.

그 사람

만약 한 사람의 지기를 얻게 된다면 나는 마땅히 10년간 뽕나무를 심고, 1년간 누에를 쳐서 손수 오색실로 물을 들이리라. 열흘에 한 빛깔씩 물들인다면 50일 만에 다섯 가지 빛깔을 이루게 될 것이다. 이를 따뜻한 봄볕에 쬐어 말린 뒤, 여린 아내를 시켜 백 번 단련한 금침을 가지고서 내 친구의 얼굴을 수놓게 하여 귀한 비단으로 장식하고 고옥古玉으로 축을 만들어 까마득히 높은 산과 양양히 흘러가는 강물, 그 사이에다 이를 펼쳐놓고 서로 마주보며 말없이 있다가, 날이 뉘엿해지면 품에 안고서 돌아오리라

— 이덕무, 〈선귤당농소〉에서

너는 나이고 나는 너입니다

마치 이상李箱의 문구처럼 시작합니다
왜냐하면 나는 지금 거울 앞에서 이 글을 쓰고 있으니
그리 보이지 않겠나 말입니다
길 떠나는 이는 너인데 남는 이는 나이고
그러나 어찌된 셈인지 길 떠나는 이는 나이고
남아있는 이는 너입니다
내 너와 벗되어 삼십 년, 이 세월이 보통의 세월입니까
진부하지만 강산이 세 번이나 바뀐다는 상징입니다
그래도 우리는 전과 같고 아니 전보다 더하고
더하다 못해 사무칩니다
어찌 이를 보통의 인연이라 할 수 있겠습니까
하늘을 보나 땅을 밟으나 굽이굽이 이녁일 터인데
어찌합니까
거울 속의 내가 맘이 아프다고 하면서도
길 떠나는 짐을 꾸리고 있는 너
거울 밖의 내가 그 맘 다 알고 있으니
괜찮다고 전해주어요
(너 본 듯 말입니다)
그러나 한편, 다른 책임이 있는 사람들이고 보면
우리는 또 책임을 해야겠습니다
언젠가 말했지만 나는 팔 하나 없는 사람 팔이 되어 주고 싶고
눈이 보이지 않는 사람에게 눈이 되어 주고 싶던 사람입니다

그런데 누가 누구에게 잘해 주면 어떻겠습니까
더구나 하늘이 내린 사람인데…
잘해드리십시오
남에게도 그리 진정이고 그리 따뜻한 사람인데
아끼지 말고 다 쏟아주며 부축해주십시오
시간이 많지 않지 않습니까
생각해보면 모두 불쌍한 인간입니다
인간이라는 물명物名 자체가
불쌍한 상징합니다
모두가 어려우면 건강 하나만 돌보면서
서로서로 아껴가며 다녀오십시오
어찌 보면 참 먼 길입니다
꼬마 물소뿔을 챙겨줄 걸 하는 생각을 이제야 합니다
맘 안에 잘 챙겨보면 따라갈 터이니
잘 돌봐 주십시오

코끼리예수님

따로 쓰지 않았을 뿐 언제나 중얼중얼 하루에도 몇 번씩 혼자서 뇌이며 그 사람을 추억합니다. 사람들은 대부분 과거의 대상을 이야기할 때 그렇게 쓰지요. '추억한다고.' 그러나 나는 과거에도 있고 지금도 있고 앞으로도 있을 그 사람을 추억합니다. 그리워합니다. 그리워한다는 이미지도 헤어졌거나 만날 수 없는 사람을 향한 표현인 것이 대부분이지만 나는 과거에도 있고, 지금도 있고, 앞으로도 있을 그 사람을 그리워하는 삶을 살고 있습니다. 아무도 알아들을 수 없는 이야기지만 그 사람은 알아들을 것이고 아무도 알아볼 수 없는 이야기지만 그 사람은 내 마음을 볼 수 있을 것이고 아무리 멀리 있어도 나를 알아줄 그 사람입니다. 나는 지금 위의 문장을 미래형으로 쓰고 있습니다. 알아들을 것이고…, 알아볼 수 있을 것이고…,

알아 줄…, 이라는 미래형으로 쓴 것은 비록 지금 그 사람이 이것을 모른다 하여도 진정 모르는 것이 아니고 그 무엇이 앞을 가리고 있기 때문인 것이어서 나는 걱정하지 않습니다. 그 사람은 생래적으로 이미 모든 것을 알아듣고 알아보고 알아주어 이 세월을 건너왔기에 저 강을 건너왔기에 원도 없고 한도 없는 그 지경地境을 이루어낸 것입니다. 다만 그 세월이 너무 안타까워서 그 세월의 생명성이 너무도 아름다운 것이어서 그 경계 앞에서 한없는 탄식을 하고 있는 것입니다. 지금 이 시간 중국의 장가계를 떠올립니다. 우리의 금강산을 떠올립니다. 저는 둘 모두를 가보지 못한 곳이지만 그 절경만은 닳도록 들어서 이미 제 마음안에 아름다움으로 받아들이고 있습니다. 그렇듯 가보지 못한 아름다움이 이러할진대 눈으로 보고 만지고 느낀 그 대상에 대한 절창을 들어본 저로서는 그 마음의 안타까움에 동의합니다.(언젠가 그가 하는 앙코르와트에 대한 절창을 애타게 들어본 적이 있습니다. 아름다움에 유난히 민감한 그 사람은 그리하여 그 '절연'에 대한 숨 막히는 단절과 아픔이 있을 것입니다.)

그러나 생각하면 모든 것이 무無이고 공空이면서 한편 영원永遠인 것을 아는 그 사람입니다. 하여 나는 아무 염려 없이 두 손을 모으며 그의 안위를 기도합니다.

코끼리예수님!

오늘은 당신께 지상에 있는 한 아름다운 영혼을 소개했습니다. 제 글의 묘사가 부족하여 그 사람을 더 좀 보여드리지 못하였습니다. 어떻게 한 영혼이 떠오르시는지요. 제 손끝에서 태어난 그 사람을 볼 수 있으신지요. 보셔야 합니다. 꼭 보셔서 감지하시고 저를 대신하여 그 사람을 위로해 주셔야 합니다. 그 사람은 아직도 그 강가에 앉아 이렇게 추운 날에도 변변한 털옷도 없이 오지 않을 사람을 기다리고 있습니다. 아무리 말려도 듣지 않고 요지부동입니다. 그대로 얼어 죽어도 상관없는 양 버티기까지 합니다. 그 열정은 당신만이 손볼 수 있을 것입니다. 순수에 있어 지상의 누구도 따를 수 없는 순백의 순수를 갖는 '코끼리예수님' 당신만이 그 사람을 손볼 수 있을 것입니다.

우리 '코끼리예수님'을 알아본 나는 참 행복합니다. 당신이 예수님인 것을 알아보았기에 나는 감히 그 사람을 당신께 부탁할 수 있는 것이지요. 부디 '코끼리예수님'을 사양하지 마십시오. 당신은 이 땅에 오신 '아기 예수님'의 형상을 너무도 닮은 '코끼리예수님'이니까요.

'먼저 저 사람을 좋게 해주자!'는 마음이 있는 사람이 예수님입니다. 그런데 보통 사람들은 어쩌면 쉬운 그 마음을 갖지 못하지요. 그러나 당신은 그 마음을 가졌기에 그 주위 사람들이 행복한 것입니다. '코끼리예수님' 주변에 얼마나 많은 사람들이 행복한가는 주위를 돌아보면 알게 될 것입니다. 그러나 우리의 예수님이 그러하셨듯 이 땅의 예수를 닮은 사람들은 모두 고난의 연속입니다. 모든 수고를 짐지고 혼자서 가야만 하는 그 가파른 언덕 위에서 한번 쉬지도 못하고 계속 수고해야 하는, 하나님께서 주신 명령이 끝나는 날까지 짐을 지고 가야만 하는 순례길입니다. 그간 얼마나 힘드셨는지요. 홀로 외롭고 심지어 비참한 지경에까지 처했을 때라도 그것이 오늘의 경작지의 지경을 넓혀주시려는 하나님의 뜻이었음을 가만히 알게 되었습니다. '코끼리예수님'의 생애가 어찌 그리 외롭고 강팍하기까지 했던 것을 과연 누가 알겠는지요. 예수님 당자만이 아시고 당자만의 기도로써(술 마시는) 오직 헤쳐온 길입니다. 이제 조금씩 뭔가 보이기 시작할 것입니다. 무색, 무취, 무욕한 일생이 무엇을 위해 예비되어 있던가를 숙고하실 때입니다. 예수님께서는 왜 매일 산상에 올라 하늘에 기도를 바치었는가를 제자예수로서 배우셔야 할 것입니다. 그래야 그렇게 될 때 비로소 제가 부탁드린 한 사내를 위로할 수 있고 부축할 수 있고 그 강가에서 건져내올 수 있을 것입니다. 그를 설득시킬 수 있는 힘을 가진 자라야만 어쩌면 절대자만이 그를 일으켜 세울 수 있을 것입니다. 지금 자석의 안내를 따라 어느 만큼 길을 가고 계시는지요. 그 순례의 길을 따라가노라면 어느 날 '꽝' 하고 부딪치는 지점이 있을 터, 그때는 손을 들고 나오셔야 할 것입니다.

굳어지고 막혔다 생각하면 몸을 풀어야 한다고 합니다. 마음의 거울 속에 자기를 들여다보면서 마음을 풀어야 한다고 합니다. 마음을 푸는 일은 마음을 맑게 하는 것이고 맑아져 보자는 것인데, 그것을 마음짓이라고도 한답니다. 예를 들어 달을 보면서 달과 내가 하나가 되어보는 것, 아니 저절로 달과 내가 하나가 되는 상태, 무아의 상태에서 몸과 마음을 풀어보라고 선지자는 권합니다.

코끼리예수님!

날마다의 공부가 기도이지요. 당신께서 얼마나 순백이신지 순박하신지…. 그리고도 얼마나 한없는 사랑을 갖고 계신지 아시길 기도합니다. 코끼리예수님은 자기가 얼마나 착하고 거룩하신지를 의식조차 아니하고 이 삶을 살고 계십니다. 이미 오래전에 한 생명을 구하신 것을 아는 저로서는 이렇게 코끼리 예수님을 증명합니다.

예수님!

한 사내를 부탁드리는 것으로 글을 시작했으나 '코끼리예수님'의 무거운 짐을 만나 돌부리에 넘어졌습니다. 저는 돌부리에 넘어져 제 멍든 제 무릎만 주무르면 되지만 오늘도 내일도 모레도 짐지고 가는 '코끼리예수님'으로 하여 눈물나는 아침입니다. 저는 모릅니다. 이제 누구를 부탁하는 일에 앞서 '코끼리 예수님'이 모든 사정을 아시니 '코끼리예수님' 맘대로 하십시요. 어차피 수고하시는 운명입니다. 그 운명을 사랑하시고 하나님께만 사정하십시오. 그리고 오늘 하루는 자신을 두 팔로 삼싸면서 '사랑한다' 그렇게 스스로를 어여뻐해 주십시오. 이제야 '코끼리예수님'을 알아보는 세 살 난 아이의 기도입니다.

북촌에서

하이 서울페스티벌이라 하여 거리는 인산인해로 발 딛기 어려웠고, 걷는다기보다는 밀려가는 듯한 인사동 풍경이었습니다. 그 속에 천사도 끼여 있었으니 아마 보셨다면 염려를 하셨겠지요. 다칠세라 천사를 엄호하며 걷는 그 모습을 연상하면서 혼자 웃기도 하였습니다. 그러나 산다는 것은 따로 그렇게 격리되는 것이 아니라 그 사람들의 물결 따라 흐르는 것이겠지요. 어차피 천상에서 쫓겨 온 사정이고 보면 어디라도 가릴 형편이 아니고 어떻게 하든 이 세상에 붙어서 살아내야 합니다. 그것이 아마 천사를 세상에 낸 아버지의 소망일 것입니다. 언제부턴가 천사는 아버지를 만나 그의 보호를 받고 삽니다. 오늘 그렇게 낯선 풍경 속에서도 천사는 외롭지 않았고 혼자 다닐 수 있는 자강을 어느새 익힌 모습에 혼자 흠흠하였습니다. 여느 때 같았으면 누구라도 동행을 청했을 터입니다. 그러나 천사는 동화 속 날개 달린 천사 모습처럼 가벼이 익명의 존재로 도시를 날 수 있었습니다. 관찰자 시선이라는 것은 홀로이, 깊게 있을 때 가능한 관점일 것입니다. 배려와 헌신 그리고 나눔 속에서는 그러한 살핌이 어려운 법이지요. 모두가 함께 길을 걷는 중 오직 천사만이 혼자처럼 보였고 그러나 천사는 알 수 없는 풍요로 하여 오랜만에 문화탐식을 하였습니다. 한껏 볼 수 있는 것, 느낄 수 있는 것 그것이 얼마나 축복이던지요.

고맙습니다. 이제는 울지 않아야겠지요. 쫓겨온 설움과 아비 잃은 설움을 동시에 잊게 해준 새아버지에게 천사는 고개숙여 인사를 합니다. 너무 멀어 하마 보일까 염려되지만 천사의 심정이 하도 간절하니 그 마음과 모습이 전해질 것이라 믿습니다. 날아다녔는데 다리가 왜 아픈지, 그대로 누워 잠이 듭니다. 이제 새벽 두시 반, 깨어나 한 사람만을 위하여 손나팔을 붑니다. 천사, 여기 있습니다, 하고.

먼 훗날 그리 쓰겠습니다.
쓰라린 날들을 너로 하여 견디었다,라고.
진정 외롭고 사람 그리운 날들 속에서
너 있어 그 세월을 살았노라,고.
사람은 많았으나 정작 사람은 없었고

사람은 많았으나 매번 잃어버린 나날이 되고
사람은 많았으나 매번 추위에 떨었으니
어찌 사람 속에 있었다고 할 수 있으리
하여 매번 사람을 가리었으되
외면할 수 없는 사람들이 밟혀
가던 길 멈추고 가던 길 멈추었으니
가고 싶은 길 제 있어도
참 걸음 몇 걸음을 못 갔을 터
그 모양이 가엾다
이제 너로 하여 새 길을 열어
홀로 그 길을 갈 터이니
너 힘껏 살아 증인이 되어 주렴
그것이 네 삶의 이유가 되어
생명수라도 된다면
여기에 나 또한 내 삶의 이유 찾으니
세상에서 이보다 더한 가치가 또 있으리
이제 비로소
맑은 숨을 쉴 수 있으려나 보다

거기서 보면 이곳이 북촌일까요.

2부

삭발

보이는 것마다에 그의 상이 맺힌다.
기억의 슬픔이여! 시간의 구릉에 누워
하늘을 본다. 그곳에 또한 환한 얼굴. 때마다
처마다 피어나는 얼굴. 이 매듭을 어이하리.

아버지!

50여 년, 제 삶과 함께했던 당신이 주신 머리카락을 모두 자르고 돌아왔습니다. 삭발削髮이라는, 어쩌면 비감이 담겨 있는 그 말은 청년기부터 오늘에 이르는 동안 가끔씩 마음으로 뇌이던 말입니다. '머리를 깎을까.' 하는 내면의 중얼거림은 끈질긴 손길 같은 '무엇'이었습니다. 그것은 또 지난했던 외할머니의 삶으로부터 제게까지 삼대에 걸친 모계만의 화두였는지도 모르겠습니다.

오늘의 이 결행은 속연俗緣을 끊는 의미에서의 삭발은 아니었어도 오래전부터 준비되었던 것입니다. 다만, 다만 시간이 너무 오래 걸렸습니다. 결과를 놓고 볼 때 그 이전과 이후는 분명한 차이이지만 그 과정에서의 망설임, 주저주저했던 마음의 티끌이 더 큰 짐이었습니다. 허리를 다쳐 몸을 움직이지 못할 때도 끌어안고 있던 머리카락을 지금에서 자를 수 있었던 건 역시 당신의 부재함이 낳은 결과일 것입니다. 신체적 상처보다는 정신의 상처 속에서가 더 비장할 수 있음을 경험합니다. '나르시즘'의 극복이 문제일 것이라는 큰어른의 말씀에 동의합니다. 이쁘다, 하여 주신 말씀 때문에 둘러쓰고 포기하지 않았던 그에 더해 거울을 볼 적마다 '그런가.' 하면서 기대었던 한 줌 털뭉치입니다. 아니 이제는 실꾸리보다도 못한 그 효용을 보고 차라리 처연합니다. 내가 저 무용함에 기대어 한 시절을 살아온 것이던가 스스로에게 묻습니다.

남성 작가들만이 있는 4층 숙사를 쓰면서 아직 여성을 의식하는 자신이 용서되지 않았습니다. 너구나 남녀를 떠나 인간이기를 그렇게나 증명하고픈 의지와는 너무도 큰 모순덩어리였습니다, 나는.

생각이 그에 이르자 한 순간에 머리를 깎을 수 있었습니다. 이제 왼손으로 습관처럼 머리를 쓸어보면 까끌까끌, 까슬까슬한 민머리를 만나게 됩니다. 이렇게 간단하고 단순해지는 것을 왜 이제까지 할 수 없었는가를 나는 또 생각하려 합니다. 삶의 모든 과정 또한 그렇게 단순할 수 있음인데 둘 다를 양손에 거머쥐려니 세상이 복잡했던가 봅니다. 하나를 포기하고 비워내니 커다란 평화와 안정이 따릅니다.

내, 의자에 앉아 머리를 깎으러 왔습니다, 하니 어떻게요, 하더이다. 모두 자르려고요. 네? 정말이요? 네. 하나도 없이 그렇게 해주십시오. 왜요? 병원 가시나요? 하면서 알겠다는 듯 더 묻지 않더이다. 듬성듬성 대강의 머리카락을 쑥, 쑥 자른 후 마치 잔디를 깎듯 그렇게, 작은 도구를 가지고 앞에서 뒤로 옆에서 뒤로 혹은 뒤에서 앞으로 이것은 뭐, 망설일 작업이 아닌 듯했습니다. 그러면서도 만지는 이는, 내가 다 떨리는데…하며 그 감춰진 이유를 궁금해 했습니다. 달리 감출 연유가 있는 것이 아니기도 했지만 '그저.'라고 혼잣말처럼 답했습니다. 형태상으로 50여 년 개인사를 이어온 흔적이기도 하여 오늘 자른 머리칼은 싸 가지고 돌아왔습니다. 그것이 훗날 동그랗게 뭉쳐져 내 아이의 바늘쌈지라도 될지 모르겠습니다. 무엇인가를 의미짓는 나는, 그것이 그냥 땅에 떨어지는 것을 물끄러미 바라볼 수는 없었으니까요.

결과적으로 어쩔 수 없이 비장해진 나는 그곳에서 이곳 숙사까지 근 십 리 길을 터벅터벅 걸었습니다. 햇볕이 강하게 내리쬔다는 오후 1시경, 그 시각에 말입니다. 걸으면서 못자리를 보는 농부들의 삶과 못물이 가득 담긴 너른 논들을 가까이 바라보곤 했습니다. 푸른빛 논물, 회담색 논물에 담기는 산녘은 생명을 담고 있는 배경이어서인지 우리네 삶과 닮아있더랍니다. 늘 맑은 호수에 담긴 산 풍경에 익숙했던 나는 그래서인지 늘 꿈을 꾸는 아이였습니다. 이제 논둑에 앉아 있는 농부들을 보면서 실제의 삶을 인지합니다. 그래, 저것이 삶인데…. 하고 말입니다. 맨 처음부터 십 리, 하면 멀어서…, 하고 미리 지칠 그 거리를 낙타의 걸음처럼 걸으며 눈앞에 펼쳐지는 풍경과 사물들 하나하나에 유정한 마음을 건네며 걸어서인지 그 길은 멀지 않았고 숙사를 한 오백 미터쯤 남기고는 아, 이렇게 해서 먼 길을 가게 되는 것이구나 했습니다. 이렇게 걷다 보면 오십 리, 백 리, 천 리, 만 리 그렇게 만 리 밖까지 걸어서 닿을 수도 있는 것이구나 했습니다. 길이 오직 그 길 하나뿐이라면 그리고 길 끝에 임이 계시다면 그 길을 왜 아니 가겠습니까.

나, 이 길에서 무엇을 얻고 무엇을 잃게 될지 모르는 현재입니다. 그래도 한 순간을 놓치지 않겠다는 정심精心을 가진 이상 삶의 씨앗 한 줌을 얻게 될 것 같은 예감이 있을 뿐입니다. 삶의 모든 장식이 배제된 재 기존의 질서를 서부한 재 오로지 영혼 하나만을 믿고 짐을 꾸려 떠나왔습니다. 단 몇 푼의 환금성도 보이지 못하는 내 영혼의 창고가 과연 나를 위해 곳간을 열어줄지 염려이지만 십여 년의 농력農力이 무위하지만은 않으리란 기대를 해봅니다.

나, 이곳 문학숙사에서 바로 곁에 자리하고 계신 큰어른을 보며 크나큰 위로를 받습니다. 독립을 전제한 의탁 속에서 손수 만들어주시는 음식은 그야말로 내게 성찬입니다. 오직 좋은 글을 써야 한다는 어른의 당부는 얼마나 무욕한 당부이던지요. 내 이 무욕한 어른을 위해, 나와의 약속을 위해 또 '당신'을 위해 할 수 있는 일이라면 그 무엇도 마다하지 않을 것입니다. 내 모든 것을 뒤로하면서 길 떠나올 때는 그만한 각오와 몰입을 준비했을 것입니다. 내 안에 나는.

이 순간 아버지, 당신이 사무치게 보고 싶습니다. 가끔씩 현현하여 저를 두드려 주십시오. 저는 당신의 딸입니다. 지금은 다른 길에서 그래도 딸이 가는 길을 지켜주고 계실 당신께 제 마음을 고告하옵니다. 부디 편히 쉬십시오.

— (수필산책, 2002년)

너의 세월이 아프다

단절斷絕이다.

하늘 땅 사이의 단절 아래 무엇을 느낄 수 있을 것인가. 모든 통신이 끊긴 공동空洞이다.

영혼의 암전과 비유해본다.

사랑하는 사람들….

전혀 다른 세상으로의 이동이다. 나는 이곳에서 무엇을 할 수 있을까. 다만 정지되어 있을 뿐. 그러니 움직이고 있다. 어딘가로 아니 목적지를 향하고 있는 것이다. 더구나 지금은 지상에서 1,200km라고 하지 않는가.

두고 온 것들 속에 푸른곰팡이. 가능한 많은 것들을 버리고 여정에 올랐다. 그러나 내 모르는 어느 모서리, 그곳에도 청태(?)가 끼어 있을 것이다. 사람의 마음 안에, 영혼 안에도 서랍

이 있다면 그 칸마다에는 또 얼마마한 곰팡이가 슬어 있을까. 두고 온 자리 그리고 내 모르는 자리가 그래도 맑았으면….

10년쯤은 벼르던 여정이었다.

남들이 여행길에 오르는 것을 대하면 그리도 쉬워 보이더니 막상 친구의 초청을 받고도 우리는 오랜 시간이 걸렸다. 언제나 내 쪽이 문제였다. 아예 비행기를 못 타던 시절에 비하면 이제는 고공에서 견디는 힘이 나아졌지만 떠나려 할 때마다 번번이 복병을 만나 친구들의 기대까지도 접게 만들곤 하였다. 무엇이 그리도 발목을 잡던지 이번에는 용기를 내어 모든 망설임을 접었다. 무엇보다 한두 번도 아닌 여러 차례에 걸친 친구의 초대, 그 정성 앞에 무릎을 꿇었다는 표현이 더 적절할 것이다.

30년 지기 세 사람의 미국 여행기, 그렇게 이름을 달면 여느 사람들의 여행과 별로 다를 것이 없을 것이다. 그러나 모든 일정을 책임질 터이니 무조건 다녀가라는 그러한 비단 자리를 밟는데 주저하는 시간이 십여 년이라니 떠나는 이들이나 기다리는 이 모두의 면면이 짐작될 터이다. 그중 한 사람인 나는 언제나 먼 길 떠나며 얼마간의 작별의식을 갖는다. 마치 돌아오지 못할 사람처럼. 때로 비장하기까지 하여 주위 사람들의 웃음을 사기도 한다. 며칠 지방을 다녀올 때도 그러한 포즈를 짓는 사람이니 이번처럼 보름여의 만 리 길이라면 내게 그 의미는 천근만근의 무거움인 것이다. 그래도 여행은 시작되었다. 언제나처럼 왼손에는 손바닥만한 푸른 노트 한 권이 쥐어져 있었다. 머릿속으로 열세 시간의 시차를 항상 계산하면서 떠나온 땅을 생각하였다. 공간을 달리한다 해도 인간은 역시 시간 속을 사는 것이었다. 그 시간 속에서 다만 사람, 사람들의 선택이 있을 뿐이다.

나리타, 휴스턴을 거쳐 디트로이트까지 경유지에서의 체류 시간을 빼고 15시간의 비행 끝에 도착한 땅, 그 땅에 내 친구가 살고 있었다. 대학을 졸업하고 바로 이민 길에 올랐으니 근 30년 이역異域의 세월을 살아내고 있는 것이다. 공항에서부터 우린 서로 앞뒤 없이 얼크러져 그 반가움을 시작하고 있었지만 나는 한편 가슴으로 흐르는 비로 하여 마음이 젖고 있었다. 순간 내가 살았던 이역에서의 3년이 눈앞에 스쳤음이었으리라. 그때 나는 이역의 밤 속에서 얼마나 뒤척였던가. 눈 감으면 꿈속이고 눈 뜨면 여전히 어둠이던, 쨍쨍 내리쬐던 햇볕 아래서도 나는 감감하였다. 여기가 어디인가. 매번 반문하였고 '너는 내게 이방異邦일 뿐이다.'라는 자조 속에서 세월을 보냈다. 가뭇없는 이민자의 삶이 아닌 한시적 삶이었음에도 끝내 이방을 살다 귀국 길에 올랐었다. 그때 내 삶의 한시적 구호가 지금도 나를 아프게 한다. '마음이여, 견뎌다오.' 그렇게 3년여의 세월. 나는 그 시절을 떠올리며 친구의 삶을 연역했던 것이다.

그러나 본시 헤아림은 짧은 것이다. 그리고 여행은 매양 즐거운 것이어서 도착하여 불과 수 시간이 지나지 않아 두고 온 자리, 밟히던 생각 등 그 모든 것은 어디론가 자취를 감추고 우리는 어느새 익숙한 여행자의 모습을 띠고 있었다. 앉은 자리가 꽃자리라는 말도 있지만 우리들을 위해 몇 년을 준비한 친구의 마음은 어떠한 최상의 표현을 쓴다 하여도 부족할 그 '무엇'이었다. 도착한 그 순간부터 짜여진 스케줄로 우리는 움직여야 했다. 시간 별로 요일 별로 전체의 일정을 알려준 다음 음식에서 수면시간까지 기숙사 사감처럼 우리를 감독하기 시작했다. 다음날을 위해 지금은 수면을 취해야 한다며 매 순간 절도 있는 행동을 요구했다. 우리는 그대로 따르기만 하면 되었다. 미시건 대학에서 시작된 일정은 시카고, 나이아가라 폭포를 지나 캐나다 땅까지의 여행으로 짜여져 있었다.

보통 하루에 10시간씩의 강행군이었을 것이다. 몇 시간은 보통인 여행 코스가 혹여 우리에게 무리가 될까 승용차를 두고도 새로이 여행용 차를 하나 샀다고 했다. 우리 모두는 너무 놀랐지만 그건 시작에 불과했다. 서로 간에 쌓인 사연은 이동하는 차 속에서 저마다 하나씩 풀어내었다. 언제 한번 그렇게 실컷 쏟아낸 적이 있었던가. 그저 잠시 잠깐의 만남에서 우리는 그저 안부를 확인할 뿐 한 사람의 궤적을 드러내기에 현대의 삶은 너무 속도전이었다. 그러나 우리는 그곳에서 한 친구의 지독한 헌신의 힘으로 서로를 모두 털어놓을 수 있었다. 누가 먼저랄 것 없이 어느새 흐르는 눈물을 닦기도 하고 하얀 밤을 새기도 하였다. 30년 전 학교 때의 기억에서부터 그때는 미처 말할 수 없었던 가족사에 이르기까지 서로는 주저하지 않았다.

성격이 운명을 만든다는 말이 친구를 두고 하는 말 같았다. 늘상 병원집 딸이란 고유명사로 불려지던 친구는 집안의 반대를 무릅쓰고 어려운 집안의 맏이를 만나 결국은 이민 길에 올랐다. 누군가가 꿈이 있다면 그 꿈을 돕고 싶었다 한다. 친구는 그 사람의 꿈인 학업의 뒷바라지를 위해 이민 길을 택하여 맨 주먹이나 마찬가지인 상황으로 이국에서의 삶을 시작한 것이다.

떠나올 때 준비했던 얼마 되지 않는 돈 모두를 공항에서 잃었다고 했다. 친구는 몇 시간째 운전을 하면서도 피로의 기색 없이 이국 땅에서의 첫날을 담담히 이야기하는 것이었다. 모두가 놀랐다. 아무도 몰랐던 이야기가 그 하나뿐이었겠는가. 한 개인사 속에는 얼마나 많은 이야기들이 저장되었는가는 우리 모두 고개를 숙여 마음을 들여다보면 자기만이 알고 있는 일들이 얼마나 많은가. 그러나 친구는 보통의 삶을 넘어서는 삶을 살아낸 것이었다. 객관적으로 본다 해도 친가親家와 시가媤家의 가족사가 남다른데다 부부간의 성격 차와 본인의 투병생활 등 한 사람이 지탱하기에는 버거운 삶의 행로였다. 그래도 그녀는 그 모든 과정을 소리 내지 않고 살아낸 것이었다.

그 긴 너의 세월이 아프다… 나 모르게 살아낸 너의 세월

— 최춘희 시인, 〈종이꽃〉 중에서

가진 것이 한 푼도 없이 시작하여 오늘을 일구어낸 그녀의 삶은 조금 과장하면 어느 기업가의 입지전을 닮아 있었다. 그것도 한 땀 한 땀 이어내는 바느질, 그 하나의 것으로였다니 다시 놀라지 않을 수 없었다. 하루도 쉬지 않았다고 했다. 그저 고개를 숙인 채 바느질을 했다고 했다. 모든 고난은 아름다운 결과 앞에 한 순간 수렴되는 것인가. 맑게 웃으면서 인도하는 그녀의 '바느질 방'은 마치 동화의 세계처럼 아름다웠다. 그녀의 표정이 아름다워서였을까. 나는 친구의 바느질 방에서 희망을 보았다. 빨 주 노 초 파 남 보, 무지갯빛 색실이 가지런히 꽂힌 실통꽂이가 그 어느 꽃보다 아름다운 꽃으로 보였다. 그 꽃을 보면서 재봉틀을 다룰 때의 친구 마음을 상상해 보았다. 그 마음안에 피어올랐을 어릴 적 연기緣起, 그것은 때로 삶의 연기煙氣가 되어 그녀를 괴롭히기도 했을 터이고 때론 연기演技의 힘이 되어 고단한 그녀의 일상을 무대로 환치시켜 훗날의 명작名作을 예비해 주었을지도 모른다. 그 안에 내재하였을 모든 기운들이 친구의 머리 위로 마음 주위로 달무리 지었으리라 상상했다.

지금은 크고 작은 그림 같은 집이 세 채나 되었다. 자동차로 석 대를 쓰고 있었다. 나는 지금 수치로써 그녀의 결과를 말하고 있다. 나와 얼마나 다른가. 나는 임지任地를 일러 극지이자

오지라는 표현을 썼다. 숲의 나라, 예술의 나라, 영혼의 나라였음에도 내게는 그저 아무것도 경작할 수 없는 불모의 땅이었을 뿐, 그곳이 수확의 땅인 것을 나는 귀국하고서야 가늠할 수 있었다. 이제는 다만 그리운 땅이 되어버린 폴란드, 크라코우.

그녀와 나, 둘의 대비에 이르면 너무도 선명한 대차대조인 것이다. 하여 나는 너무도 현실적인 셈으로 친구의 아름다운 삶을 가벼이 말했는지도 모른다. 삶은 절대 수치로 가늠되어질 수 없는 무엇인데 말이다. 친구는 오늘도 그녀의 동화 속 '바느질 방'에서 누군가를 위해 옷을 짓고 있다. 이제는 삯을 받는 바느질이 아닌 누군가를 위해 봉사하는 삶으로서의 바느질을 하고 있다.

생生이, 삶이 경작이라면 친구는 실로 홀로 아름다이 경작한 것이다. 하여 그녀는 당당했고 실팍했다. 한편 그녀는 고국의 어려움에 쉽게 공감하지 않았다. 그리고 주위 사람들의 무능과 실패에 동정하지 않았고 나아가 분노를 표했다. 지나온 세월을 단숨에 정의하여 나타내며 그녀의 분노는 정당했고 그녀의 현재는 눈물겨웠다.

두 갈래 길이 있었습니다. 하나의 길을 택하면서 숲으로 드리워진 나머지 길은 언젠가 다시 가 보리라고 생각하면서….

— (펜문학, 2004년 가을)

범연凡然의 집

그와의 사이를 두고 십년지기라는 말을 쓸 수 있을까. 한 해에 한두 번 만나는 사이를 두고 말이다. 그러나 나는 그를 일러 십년지기라는 표현을 주저하지 않는다.

그날 그의 집으로 향하는 전철 안에서 이번 해에는 그 한두 번의 만남이 병문안으로 채워진다는 사실을 상기하고 잠깐 우울하지 않을 수 없었다. 곁에 나 이상으로 그의 병환을 아파하는 또 하나의 지기가 없었더라면 걸음에 힘이 없어서라도 나서지 못하였을 길이다. 수원을 향하는 그 길 위에서 우리의 동행을 이야기했다. 글을 매개로 하여 벗이 되어 피붙이처럼 아파진 사람들. 범연과 들꽃 그리고 나 사이를 이루는 삼각 구도를 떠올리며 우리의 인연을 돌아본다.

범연凡然은 그가 가지고 있는 또 하나의 이름이다. 어느 해인가 그는 내게 부채 하나를 선물했다. 그것을 펼치니 그곳에 초록이 주조색을 이루는 산수화풍의 그림이 그려져 있었고, 그 끝에 작은 크기의 낙관이 찍혀 있었다. 하여 그의 호가 범연인 것을 알게 되어 어쩌다 한번은 그 이름을 떠올린 적이 있다. 그러나 그 이름을 부르는 이는 흔치 않을 것이다. 그는 자기 소임을 이날까지 충실히 수행해온 이 시대 직장인의 전형이기에 자기 내면의 정서를 다듬는 글이나 그림 세계로 하여 갖게 된 또 하나의 이름을 내세웠을 리가 없기 때문이다. 워낙에 말수도 없는 조용한 성품에 행동 또한 크지 않으니 그의 행적을 아는 사람은 많지 않으리라.

태어난 경기도 땅에서 지금 반세기 넘는 세월을 살고 있으며, 가까이 부모를 모시고 사는 장자長子의 삶을 그리고 한 직장에서의 삼십 년 세월을 보내고 주말이면 산사를 찾아 혼자 정심精心의 시간을 가지는 사람이다. 그리고 한 터에서 아이들이 자라 성년이 된 지금까지 22년을 살고 있다니 그의 곧고 바른 면을 들여다볼 수 있는 예가 아닐 수 없을 것이다. 그러한 사람에게 병마라니, 누구도 병病으로부터 자유로울 수 없는 것을 그에게서 보았다. 참으로 맑은 물 같은 사람인데 그가 어떻게 병마와 싸워 이 고비를 넘겨줄까를 안타까이 바라보고만 있을 뿐이었다. 그러다 하루 날을 잡아 범연을 향한 길을 나선 것이다.

잔서殘暑의 끝 무렵이었다. 우리 두 사람은 연락도 없이 출발

하여 전철 안에서 그에게 방문을 알렸다. 환자가 있는 집에 무례인 줄 알면서 미리 연락하면 거절이 필시인데 우리의 간절함만 믿고 떠난 걸음이었다. 수원역에 내린 우리는 두리번거리며 차를 잡았고, 물어 물어 그가 이십 년을 넘게 살고 있다는 그 골목에 이르렀다. 이제는 세상 사람 모두가 어쩌면 아파트에서 사는 것이 아닌가 할 만큼 아파트 삶이 떠오르는 일상에서 그의 집은 주택이 밀집한 골목 어귀에 있었다.

우리 연락을 받은 내외분이 대문 앞에 나와 있었다. 두 분의 환한 표정 때문이었을까. 그곳을 방문한 두 친구는 순간 목적을 잊어버리고 문을 들어서면서부터 이미 떠들썩하니 말문을 열고 있었다.

"아, 집이 너무 아름답습니다."

환호와 더불어 탄성이 나왔을 동시에 내외분 뒤편에서 개 짖는 소리가 들려왔다. 순간 범연이 "어, 어. 그만. 순돌아, 손님들이셔." 하며 집아이를 부르듯 순돌이를 들어 안는다. 그제서야 나는 그가 환자임이 떠올라 "이 선생님, 힘드시지 않으세요?" 하고 여쭈니 괜찮다고 말한다.

겉으로 봐선 그저 보통의 이층 양옥洋屋이었다. 그러나 현관을 향한 계단을 올라 문을 들어서면서 "와!" 하는 감탄사가 절로 나왔다. 그의 집은 산사의 아늑한 선방禪房 같았다. 크게 구획지어진 두 개의 큰 방이 있을 뿐 공간을 점유하고 있는 가구가 하나도 없었다. 아무것도 없는 방안이 오히려 가득 차

보이는 정경은 조금 전까지 만났던 세상의 잡다한 풍경들을 잠재우기에 조금도 모자람이 없었다. 고개를 옆으로 돌리니 대문을 들어설 때 짖어대던 순돌이 때문에 미처 살피지 못했던 앞마당 풍경이 커다란 창을 통해 한눈에 들어왔다. 작은 마당에는 정갈하게 물이 담겨진 돌확에 애기 수련과 바위취의 둥그런 어린잎들이 귀엽게 옹기종기 물을 머금고 있었다. 다닥다닥 붙어 선 이층집들 틈에서 하늘을 좀 더 많이 차지하려고 기를 쓰고 자라 올라간 왜목련나무가 눈길을 끌었다. 그 형상이 한 뿌리에서 두 가지가 자라 포옹하듯 서로 얼싸안고 있어서 가족들의 삶을 대변해 주는 듯했다. 나무 뒤켠에 일 자로 이어진 담벼락에는 담쟁이덩굴이 초록 무늬를 이루고 있고, 다시 그 한 옆으로 작은 대숲을 볼 수 있는 그곳은, 한 아름드리를 보이는 목련나무에서부터 가녀린 한 줄기로의 식생을 보여주는 식물까지 공존하고 있는 아름다운 정원이었다. 여염閭閻집에도 솟대를 세우던가. 그곳에는 그가 직접 나무를 깎아 새 모양을 만들어 대나무 대 위에 세운 서넛의 솟대가 희망처럼 솟아 있었다.

가족 수가 분명 넷이라는데 그 어디에서도 살림의 냄새가 묻어나지 않았다. 창마다에는 모시로 된 천으로 그저 가리개 정도의 모양으로 드리워져 있고, 특징이라면 고운 빛으로 날염이 되어 있거나 조각이 이어져 있거나 가는 실로 천 한 구석에 수가 놓여져 있는 정도였다. 이제 둘러보는 것을 멈추고 눈높

이를 내려 자리를 정하니 바닥에 붙은 듯이 뉘여 있는 다탁茶卓이 눈에 들어온다. 예전에 떡판으로 쓰였음직한 그 위에 역시 하얀 모시가 깔려져 있고 부채가 놓여져 있었다. 보이는 것마다에 우리 두 사람은 감탄했다. 모시 천 한 켠에 수놓인 나팔꽃 무늬를 이쁘다 말했더니, 대학에 다니는 따님이 손 선생 수필집에 나오는 그림을 보고 놓은 것이라는 설명이었다. 집을 찾을 때처럼 이번에도 두 사람은 두리번 두리번 사방을 돌아보았다. 작은 액자들, 창가에 놓인 촛대들, 다탁 옆에 놓인 종이상자…. 이번에는 마실 것이 담긴 찻잔을 보며, 과일이 담겨져 나오는 과반을 대하며 연신 탄성을 지었다.

본말本末이 전도된 셈이었다. 우리는 병문안을 간 것이 아니라 집구경을 간 사람들 같았다. 그만했으면 됐을 것을 본격적으로 살폈다. 큰 구획으로 둘로 보이던 공간 옆으로 작은 방이 있었다. 문은 처음부터 모두 열려 있었다. 고개를 빼고 들여다보니 이번엔 선방이 아니라 수사들의 침묵의 집을 연상시키듯 철제 침대 하나, 작은 크기의 티브이가 있고, 나무 안락의자 하나 그리고 아무런 꾸밈없이 세로로 정리된 책들이 있을 뿐이었다.

이층은 또한 어떠하던가. 크게 구획하자면 책과 음악과 그림이 있었다. 그 자신이 수묵을 추구했지만 따님이 그림을 전공하는 터라 곳곳에 작품의 흔적이 놓여 있고, 피아노와 음향기기가 놓여 있고, 책들이 빼곡히 꽂혀진 서재가 있는 열린 공간이었다. 서재에 들어서서 창 쪽을 살피니 그 너머에 찻상이 놓여져 있어 언제라도 찻물을 다릴 수 있는 다례茶禮의 공간이 자연스럽게 마련되어 있었다. 또 그 너머엔 아래층에서 연결되는 정원의 풍경이 이어져 유리창엔 저절로 한 폭의 그림이 따랐다. 더 이상 할 말이 없었다. 세상에 그의 집보다 크고 화려한 집은 많을 것이다. 그러나 처해진 환경에서 그렇게나 고졸古拙한 품위를 갖추고 사는 이는 흔치 않으리란 생각이 스쳤다.

'범연! 이렇게 살았군요. 늘 평화로이 보이더니….'

건공중에 그렇게 말을 던졌을까. 작은 소리로 우리를 안내하는 그와 남편의 생각을 맞추고 살았다는 '안해'가 얼마나 크게 보이고 미덥던지 모른다. 하여 우리의 병문안이라는 허울은 끝내 구호에 그쳤고 그날은 내내 주인 내외와 객이 흔연히 어우러졌던 하루였다. 온통 사위가 푸름으로 둘러쳐진 범연의 집에서.

범연, 그에게서는 언제나 선비의 체취가 묻어났다. 그러나 그것은 그저 피상일 뿐 그의 집에 발을 들여놓고 나서야 자연스런 발로임을 알 수 있었다. 대개의 사람들은 자기의 이상理想을 그저 이상으로 가지고 살 뿐 그것을 실천적 삶으로까지 행동하는 사람을 내 주위에서는 찾아볼 수 없었다. 그러나 범연凡然[보통사람], 그는 거기에서 그렇게 살고 있었다.

— (계간수필, 2002년 겨울)

피 프란치스코를 위한 기도

살아남은 자의 슬픔을/ 당신은 보고 계시는지요/ 동시대를 살았던 그 공간은/ '절대 美' 그 이데오르기 덮개 속이었습니다/ 수필을 잡으려 해도 잡아지지 않았습니다/ 참 좋다, 하여 주신 당신이 아니 계신데/ 더 이상 앞으로 나아가지지 않았습니다/ 써야 하는데 쓰고 싶은데 써지지 않는/ 그 시간이 길었습니다/ 많은 이들이 당신을 발표하는데/ 나는 이 모두가 낯설고 낯설 뿐입니다/ 내가 아는 금아의 지평은 다른 곳에 있음에/ 거기 청중으로 그렇게 앉아 있을 수 없음입니다/ 모두가 유사한 언어를 반복하고 있습니다/ 이미 지상에서 반복되었던 발표문만이/ 복제되고 변주되고 있었을 뿐입니다/ 평시가 아니고 100주년이라 이름하였는데/그들은 당신에 대해 더 이상 알지 못합니다/ 평생 당신의 침묵은 참 옳았습니다/ 더 이상 말하지 않고 더 이상 쓰지 않던/ 당신의 선택은 옳았습니다/ 작은 수의 책, 그림, 음악의 선택 그리고 몇몇 사람들을/ 선택한 그 선택도 옳았습니다/ 어찌 옳음을 말할 수 있겠는지요/ 그러나 당신 아니 계신 이 땅의 풍경이 그것을 말해 줍니다/ 존재 자체가 텍스트였고 존재 자체가 가르침이었던/ 금아, 피천득 선생님,/ 당신을 기다립니다,/ 이제 비로소 당신을 기다립니다./ 어제 한 철학교실에서/ 기다림은 그리움을 함의한다,는/ 비유를 대하고 탄복을 하였습니다/ 한 철학자가 발견한 문장은 어느 문학가의 비유보다 위대한 상징을 보여줍니다/ 당신이 단 한번 겸손을 잃으신 표현이 있으니/ "앞으로 100년 후라도 내 작품을 넘을 수는 없을 거예요"/ 단 한 번의 단정이었습니다/ 학술원 회원이어도 예술원 회원이어도 되었을 당신,/ 그러나 추천을 받아야 한다는 제도에 손사래를 보였던 당신./ 누가 당신을 추천할 수 있느냐며 자존으로/ 그 회원됨을 사양하셨지요/ 세상에서 존경할 대상은 오직 자연뿐이라고/ 세상에서 지극한 것은 오직 아름다움[사랑]뿐이라고/ 당신이 끝내 극복하지 못한 것이 명예라는/ 가르침을 남기셨습니다/ 이러한 이유가 있어/ 당신을 기다립니다/ 비로소 세상에 아니 계신 당신이 그립습니다/

공항버스를 보면서 너를 기다린다고 하시던 말씀/ 일부러 창 넓은 '빠리바게트'에 앉아 오지 않는/ 너를 기다리는 것이 일상이 되었다고 하시던 말씀이/ 이 순간 아프게 귀를 때립니다/ 세상에 빛나는 것이 있다면 그 모두를/ 주고 싶으시다던 당신이 있어/ 그 불편한 시대를 살았습니다/ 그때 내 곁을 지켜준 고마운 사람들,/ 권 마리아, 손 마리아가 있어/ 그 아픈 시대를 살았습니다/ 그 아름다움을 지났습니다/ 예의 길을 버리고 나니/ 당신과 벗이 되었습니다/ 사제의 길에서/ 영미문학의 향기를 나누고/ 벗된 길에서/ 당신의 슬픔을 보았습니다/ 오랜 가족사의 침묵도 함께 침묵했습니다/ 네가 있어 오랜 침묵을 위로받는다 하셨지요/ 그것이 마음의 감옥인 것을 세상은 모르고 있습니다/ 당신이 얼마나 많은 것을 지켜내었는지/ 침묵의 방식으로 은둔을 선택한 것을/ 그들은 상상할 수 없던 것이지요/ 보이는 것만을 보는 사람들은/ '인연'에 쓰여진/ 검은 글자에 주목하였고/ 저는 행간에 쓰여진 흰글자에 주목하여/ 묻고 또 물었습니다/ 청년기에도 질문을 모르고 감동만이 있던 일차원의 아이가/ 당신을 만나 비로소 물음을 묻기 시작했었지요/ 모든 방문객은 가벼운 목례로 혹은 무거운 선물로/ 당신을 찾았지만/ 저는 언제나 어린왕자의 여우가 되어/ 오후 세 시의 손님으로 살았습니다/ 문도의 길에서 그보다 더한 琴時는 없는 것이었습니다/ 이제 모든 시제가 과거가 되고보니/ 실제가 보이기 시작합니다/ '절대 美' 이데오르기가 실종된 후/ 아무 것도 쓰지 못했던 시간을 반성합니다/ 우연한 시간일까요./ 많은 이들이 탄생 100주년이라 기념하지만/ 저는 지난 '삼년'을 의미짓습니다/ 당신이 아니 계신 이 땅 위에/ 고아된 마음이 아팠습니다/ 어디에도 속함이 없는 단독자의 삶으로/ 한 떠돌이별이 되어 문학수첩을/ 잃고 말았습니다/ 선생을 잃고/ 벗을 잃고/ 시대와 불화하고 나니/ 문학의 소출이 제로에 닿아 / 이제 비로소 부끄럽습니다/ 저들은 정상이라 이름짓고 잔치를 벌이고 있으나/ 그 소요로부터는 멀리에 있습니다/ 다만 홀로 있어도 외롭지 않을 기도를 배웠습니다/ 수필, 참 좋다, 하여 주신/ 당신이 떠난 자리를/ 神께서 지켜주십니다/ 이제 돌잽이 아이걸음이지만/ 이 또한 '보시기에 참 좋았더라'/ 말씀 주시니 넘어지지 않고/ 그 길을 돌아갈 수 있을 것입니다/ 왔던 길 잃지 않았으니, 잊지 않았으니/ 돌아갈 수 있을 것입니다 / "아, 그토록 좋으신 하나님, 참 좋으신 하나님"을 만나신/ 당신을 축복합니다/ 하나님 詩 한 편 지으시고/ 신부님께 영세를 받으셨던/ 하여 우리를 웃음짓게 하셨던/ 우리의 '피 프란치스코' 성도님!/ 피 프란치스코 성도는 지금 천국에 있습니다.

– (금아 피천득 선생 탄신 100주년 특집, 2010년 선수필)

어머니의 이름으로

땅을 말하려면 그 어떤 비유보다 어머니의 상징성이 떠오른다. 옛날 사람들이 땅을 어머니라 부른 것처럼 토양은 곡식을 태어나게 하는 거대한 자궁인 것이다. 생명을 잉태하는 터전이기에 그곳에서 모든 생명은 시작되는 것이리라.

작가 박경리 선생은 얼마 전에 펴내신 ≪생명의 아픔≫ 속에서 "산다는 것은 힘들고 생명은 애처로운 것" 이라고 하였다. 평범한 우리들도 살아가면서 늘상 힘들다는 말을 예사로 하고 살지만 시대의 지성으로 상징되는 어른의 말씀 속에 있는 비유는 짧지만 깊고 넓은 지평으로 다가온다.

실상 생명이란 얼마나 너른 말인가. 우리가 인간 중심으로 생각하기 때문이지 생명은, 살아있는 인간뿐 아니고 풀잎이나 작은 생물체 하나라도 그들이 모두 움직이고 있는 한 생명의

범주에 드는 것이다. 이 모든 생명을 품고 있는 생명의 모태로써의 땅을 우리는 얼마나 사유했던가. 현대화, 산업화의 세상 속에서 어머니의 상징이 점점 왜곡되듯이 땅도 사유의 개념이 더 강해져 우리가 지켜내야 할 자연으로써의 본질이 많이 퇴색한 지경이 되었다. 어찌할 것인가.

이제 자연의 훼손은 너무 진부한 명제가 되었다. 지킴이들의 노력이 그 파괴의 속도를 따라가지 못하고 있는 것이 현실이다. 인간이 땅을 거스르고 문화가 자연과 대립할 때는 인간과 땅 모두에게 비극과 재난이 찾아온다고 했다. 땅은 오직 심은 만큼만 거두게 하는 신적 정직성으로써 생명의 세상을 경영한다는 경전적 가르침이 있음에도 우리는 세상적 욕망을 가지고 현세를 살아가고 있는 것이다. 욕망이란 무엇인가, 욕망은 남의 것을 빼앗는 일이다. 자연은 결코 욕심내는 일이 없는데 오직 인간만이 생존 이상을 바라는 욕망의 삶을 사는 것이다. 그러면 결국 어찌될 것인가. 단지 내 앞에 떨어진 불똥이 아니라는 이유만으로 우리가 현실을 외면할 수 있을 것인가.

땅은 태초로부터 이제까지 또 앞으로도 이어질 인류의 배경이다. 그 까마득한 날의 기원 속에서 피폐한 대로 일단은 모든 것을 품어내는 땅의 속성이 놀라웁다. 하늘과 대비되어 낮은 곳에 자리하여 그 많은 생명체와 물질들의 무게와 부피를 감당하고 있는 땅의 역할은 그래서 눈물겹다. 모든 인간과 온갖 동식물에게 자신의 모든 기와 진을 다 내어준 후 불모의 땅으로 죽어가는 모습이 어머니의 자기 희생적인 모습과 너무나 닮았다. 땅은 종말의 징조를 아는 예지의 상징이며 파국과 새로운 창조의 현장으로 비유되는 것이 또한, 자식들의 상처와 넘어짐을 본능적으로 알아채고 보듬는 그리고 다시 또 그 모든 고행을 감수하듯 새 생명을 잉태하는 어머니의 모습과 일치한다.

모든 것을 다 내어주고도 소리나지 않는 헌신적인 어머니에게 우리는 얼마나 무례했던가. 무엇을 원하지 않는다고 하여 무엇을 능동적으로 그들에게 바친 적이 없는 우리. 그분들을 여의고 나서야 우리는 약속이나 한 듯 통곡을 한다. 그뿐인가. 예외도 있겠으나 하늘로 상징되는 아버지들에 비하여 얼마나 남루하던가. 어머니의 쓰라림과 인내를 표현해 보려 해도 그것은 문자로 되는 것이 아닐 것이다. 어머니들은 다만 말없이 행동하고 그 자리에 있는 것이다. 여성이라는 씨앗으로 발아하여 어머니라는 모성의 변화를 거쳐 비로소 대지의 이름을 갖게 되는 것이리라.

다시 ≪생명의 아픔≫을 이야기하려 한다. ≪토지≫의 작가로서 우리에게 이미 땅의 상징을 다의적으로 제시해주었던 박경리 선생께 이 지면을 통해 '이 시대의 대지'라는 헌사를 드리고 싶다. 그 어른은 수식이나 수사를 거부하고 더구나 허명을 경멸하는 분이어서 그러한 이름짓기를 부질없는 짓이라 꾸짖을지도 모르겠다. 게다가 그렇게 이름함으로 마땅히 따르게 되는 '우리의 어머니'라는 멍에를 짐 지워 드리는 결과가 되는 것이겠다. 그러나 그렇더라도 나는 선생을 뵈면 저절로 고개가 숙여지고 무릎을 꿇어 인사를 드리게 된다. 이 시대에 선생처럼 '땅'으로 사는 사람이 어디에 또 있을 것인가 하여 나는 눈물겨운 인사를 드리는 것이다. 그분을 떠올리면 눈물이 맺힌다. 젊은 시절, 꿈의 세계에서 빚어내던 많은 감상적 탄사들과는 본질적으로 다른 내피적 울림인 것이다. 말과 행동이 꼭 같은, 어쩌면 흙에 엎디어 노동에 임하는 그 모습이 말보다 더 커다랗게 그림자 지는 삶을 살고 있는 그 어른의 말씀이기에 내내 마음에서 떠나지 않는다.

"산다는 건 참으로 어려운 일이다. 자기보다 어려운 이에게는 눈물이 있어야 한다. 생존한다는 건 누구나 어려운 것이다."

"진정한 소통은 멀어지고 있다. 불편한 건 마음을 잃지 않게 해주고 편한 건 마음을 잃게 한다."

"절약하고 아껴야 남에게 베풀 게 있는 것이다. 사랑은 내 가족에게만 있는 것이 아니다. 다람쥐, 새…."

"우리는 영원히 있는 물질에게 포위당해 있다. 살아있는 생명은 갈 곳이 없다."

누구의 당부가 이처럼 절실하고 아프게 들릴까. 나는《생명의 아픔》, 책 제목을 보면서 그 다섯 글자에도 목이 메었다. 돌아보면 세상 도처에 아픔이 있기에 그러했을 것이다.

— (박경리 선생 추모특집, 2008년 선수필)

허설虛說

나무 한 그루의 가려진 부피와 드러난 부분이/ 서로 다를 듯 맞먹을 적에/ 내가 네게로 갔다 오는 거리와/ 네가 내게로 왔다 가는 거리는/ 같을 듯 같지 않다…//

하늘만한 바다 넓이와 바다만큼 깊은 하늘빛이/ 나란히 문 안에 들어서면/ 서로의 바람은 곧잘 눈이 맞는다/ 그러나, 흔히는 내가 너를 향했다가 돌아오는 시간과/ 네가 내게 머물렀다 떠나가는 시간이/ 조금씩 비껴가는 탓으로/ 우리는 때 없이 송두리째 흔들리곤 한다.//

꽃을 짓이기며 얻은 진액에서/ 꽃의 아름다움을 찾아보지 못하듯/ 좋아하는 사람 곁에 혹처럼 들러붙어 있어도/ 그 사람과의 거리는 가까워지지 않는다.//

꽃과 꽃처럼 아름다운 사람은/ 눈앞에 있을 때 굳이 멀리 두고 보듯 보아야 하고/ 멀리 있을 때 애써 눈앞에

두고 보듯 보아야 한다.//

누구나 날 때와 죽을 때를 달리하는 까닭에/ 꽃과 꽃처럼 아름다운 이에게 가는 길은/ 참으로 이 길밖에 딴 길이 없다 한다.

– (작가 미상)

지금은 바다 건너 먼 땅에서 그네의 삶을 살고 있을 그 사람은 늘상 보일 듯 보일 듯 보이지 않는 사람이었습니다. 갔는가 하면 여기에 있고 왔는가 하면 이미 거기에 있는 그러한 반복이 있고 나서 그 존재감은 파란빛으로 남아 있습니다. 절대의 한 뼘이 모자라 함께할 수 없었던 사람의 자취는 의외로 커서 때로는 일생을 지배할 만큼의 부피감이 되다가도 한 순간의 신기루처럼 사라집니다. 그대 말대로 환영일런지도 모르겠습니다. 그런데 그 환영이 얼마나 따뜻하던지…. 어느 양지 볕이 그러할까요.

거기 그렇게 큰 별로써 거기 그렇게 등대처럼 있어주어 고맙다는 말을 내가 했던가. 하였어도 하지 않은 것만 같은 끝내 하지 못한 말들이 참 많다.

뒤돌아가고 싶었던 잠깐의 틈만 나면 내 삶에 공동을 만들었던 사람, 그 사람으로 하여 한 세월을 살았다. 그리고 두리번거린다. 다른 사람들은 무엇으로 사는지. 저마다 그 오랜 형량을 살면서 무엇을 기대하고, 고대하고, 희망하면서 그 오랜 길을 가는지… 묻고 싶다. 그와 더불어 오래오래 묻고 답하고 싶던 날들.

가슴에 너무 많은 꿈을 꾸면, 희망을 품으면 마음이 아득해진다. 언제, 어디에서 그 마음을 내려놓을 수 있을까. 내내 참던 마음을, 참았던 울음을 그대로, 굴절없이 받아줄 이데아, 사람, 곳은 있는 것일까.

서로 사뭇 그렇게 찾아 헤매는데 아니면 마음을 접고 술을 담고 건공중을 향하는데 나, 아직 접지 못한다. 어디에고 있을 이상향을 찾아 아니 어쩌면 목전에 있는데 차마 붙잡지 못하고 바라보고만 있다. 날은 저물고 새벽은 멀고 저물어도 잠들지 못하는 이유, 멀어도 포기할 수 없는 이유, 당신.

한생生을 걸었어도 제자리, 제걸음입니다. 멀리 멀리 걸어왔어도 태胎자리를 벗어날 수 없어요. 하늘을 달리 거기 있으면 이 마음이 멎을까. 이제라도 공부工夫를 하면 덜 아플까. 아득하기 만한 세월, 마음 그 모두를 어찌해야 하나. 굿을 하면 이 마음이 씻어질까. 운명이라면….

깎은 듯한 절벽 아래, 먹빛 물결을 내려보면서 그때 난 무슨 생각을 했나. 세상 사람들에게 한생을 마감하는 바위, 언덕으로 더 이름을 알리는 태종대. 그때 내 곁에는 한 사람이 있었다. 그는 따뜻한 사람, 사람 냄새 짙은 그런 사람. 그가 내 곁에 있어 나는 그 언덕, 고개를 지나쳤다. 그뿐 아니라 그곳을 생각하면 언제나 푸른 바다, 그의 따뜻한 손, 그런 게 생각난다.

그와 더불어 그 절벽 아래를 손을 이으며 내려 사람의 발길이 드문 그 자리에 이르렀다. 거기엔 빛나는 먹돌, 몽돌이라 하던가 그 이름의 돌들이 가득했지. 철썩이는 파도의 물기를 받으며 내내 빛나던 검정돌이 발밑에 빽빽하였고 절로 손이 가는 모양새에 반해 한동안 돌 장난을 하였다. 눈앞으로 등대가 보였고 밤바다를 비추는 빛과 더불어 두 사람은 한참 동안 수평선 끝을 보며 말이 없었지. 말이 없어도 어색하지 않고 수줍지 않은 사이. 그저 더 이상 갈 수 없어 먼 바다만 보고 그들은 지킬 수 없는 약속을 했지.

"…."

"…."

그 속내는 끝내 밤바다에 묻혔다.

쉽게 잊는 것이 죄일까. 잊는다고 했지만 과연 잊는 것일까. 수면 밑으로 가라앉은 것, 끝내 부표처럼 떠오를 일. 시인들은 파도를 불러 '바다의 말'이라 비유도 한다. 심지어 그들은 그 말을 듣기도 한다. 나는 시인의 눈과 귀가 없어 늘 울고 싶다. 말해야 하는데, 전해야 하는데, 들어야 하는데…. 말하지 못하니 길이 어긋나고, 전하지 못하니 빚으로 남고, 듣지 못하니 늘 미치지 못하여 길 가운데 멍하니 서 있는 시간이 늘었다. 사랑은 왜 늘 어긋나는지. 왜 늘 고맙기만 한지, 왜 미안하게 되는지 바다는 제 몸으로 뭍 연인들을 위로해 준다. 그 너른 품으로.

"우리는 아직 서로 부르고 있는 것일까."

그러나 듣지 못하고 그래서 애닯고 다른 곳을 향하면서 숱한 이별을 낳는다.

자유로울 수 있다면…. 뒤돌아보아도 깜깜하고 앞을 내다보아도 깜깜합니다. 우리들 살이가 거미줄을 닮아 서로의 사이를 아슬하게 이어놓고 있는데 어쩌면 한 순간에도 끊어지고 어쩌면 몇 십 년도 이어진다.

내게 맨 처음 기다림을 가르쳐준 사람과의 약속을 지키지 못했다. 약속은 쉽게 말하는 게 아니다. 지킬 수 없는 상황과 이유가 너무 많을 수 있기에. 그들을 얼마나 부축했던가. 부축은 그들의 삶에 어떤 인과를 낳았을까. 끝내 책임질 수 없다면 지나치는 것이 낫다. 눈 감는 게 낫다. 걷다가 손을 놓는다면 그것이 유기와 무엇이 다를 수 있겠는가. 나는 걷다가 슬그머니 그의 손을 놓아버렸다. 더는 갈 수 없던 길, 끝내 이르지 못한 땅, 아프게 가고 싶었던 그 언덕에 이르지 못하고 되돌아나오던 길목에서 물끄러미 그곳만 바라보았던 시절, 그 시절 그 언덕배미를 생각하면 지금도 눈앞이 흐려진다. 마음이 가고 싶던 곳, 거기에 마음을 눕히지 못한 채, 가만히 책임을 살게 되면 까닭 없는 눈물이 흐른다. 누구도 나를 어찌하지 않는데 나는 하루 내내 매 맞는 어린아이가 된다.

그가 오기만을 기다리던 날, 어디에 어찌 살고 있는 것을 알면서도 갈 수 없는 땅. 오지 못하는지 알면서도 올지도 모른다는 기다림의 세월이 너무 길었습니다. 우리는 기다리지 말아야 했고 기다리지 않아야 했는데…. 무의식은 그 사람을, 이상처럼 기다렸던 것이지요. 매번 문밖 풍경은 소리를 내었고 내 마음도 따라 소리를 내면 그건 울음이 되고 말아 삶, 내내 눈물이었지요. 커다란 눈으로 기억해주던 당신. 당신 말씀대로 내 눈엔 늘 강물이 흘렀습니다. 이미 흘러갔다고 믿었던 그 강물, 그 강 밑바닥 모래에 스며 무늬를 이루었던 이야기들이 오래된 유화油畵, 밑그림이 트이듯 내 삶에 솟아오르던 그 날, 화산의 이유를 알았던 것입니다. 빙산과 화산의 극점 속에서 우리의 삶은 이어집니다.

소식이 없으면 '그 사람 떠났구나.' 하여라 하신 말씀, 세상에는 그런 약속이 있습니다. 순간 가슴에 칼금이 그어지는 아픔이지만 짐짓 웃음지었지요. 그 약속을 만든 당신 마음으로 참았습니다. 준비하는 마음은 얼마나 비감하였을까. 늘 손 잡아주던 마음, 내 떠난 뒤에도 남아 나를 지키던 그 마음 빚은 세상 난장에 그대로 떠돌 뿐 나는 갚을 길이 없습니다. 나, 내 어린 마음은 길 잃은 아이처럼 헤매고 당신은 끝내 내 손을 놓지 않았습니다.

그렇게 만나지고 만나지고 했던 인연, 어찌할 수 없던 인연, 속에서 우리는 내내 돌이킬 뿐 한 걸음도 앞으로 나아갈 수 없었지. 그대로 석상石像이 되었으면 나았을까. 다른 길이 있었을까. 예정이었겠지. 아니라면 그렇게 힘들었을까. 찾아가 보면 아무것도 없는 빈터, 감은사지感恩寺址처럼 서럽기만 한 땅, 사랑의 터는 역사에서처럼 빈 땅으로만 남는가. 한 되이 울던, 서럽게 울던, 당신의 눈.

정작 귀한 말들을 묻어두고 살얼음을 살아낸 세월, 그 세월 모두가 기도였습니다. 내가 혹 세상에 기울인 정성이 있다면 죄 닦음이었으며 내가 혹 세상에 남긴 따뜻한 흔적이 있다면 그 또한 빚갚음이었을 터. 닦아도 닦아도 모자랄 갚아도 갚아도 모자랄 세월입니다. 계단을 오를 때도, 내릴 때도 늘 벼랑이고 차를 타고, 내려도…. 어느 날은 고꾸라진 내 몸을 일으키고 흘러내리는 골수를 주워 담으며 외상外傷 없음에 안도합니다. 아무도 모르는 내상內傷을 싸매며 기도합니다. 가도 가도 사람 그리운 세월, 나날들. 왜 그리도 멀던지…. 한 세상 떠돌았으나 종내 그 자리, 너무 늦은 시간 그러나 너무 늦지 않았기를…. 진정을 묻는다면 진정을 볼 수 있을까요. 눈물이 흐르면 진정이라 알아듣습니다. 달리 길이 없어 그저 흐르는 눈물에 의지합니다. 숨고 싶었습니다. 아무것도 묻지 않고 그저 외풍外風을 감싸주는 그 사람에게.

너를 읽는다.

언제쯤이면 몽유夢遊에서 깨어날까. 이제쯤이면 이제, 하고 손을 놓아도 감겨 있는 손이 풀어지지 않는다. 놓고 싶지 않은 것일까. 참을 수 없는, 참아지지 않는, 그 길. 너무 멀리 와버렸구나. 돌아갈 길을 잊지 않았기를….

이별이 가능하기는 할까.

"소식 없으면 먼 길 떠났다 생각하거라." 그것이 이별일진대 누구의 의지도 아닌 공동을 맞으며 나는 무슨 얼굴을 할까. 나는 어떤 얼굴이 될까. 날은 가겠지. 옛날이 아파 살아지기나 할지, 살아지는 내가 우스워지겠지. 그러면 그 때 너는 뭐라고 할지….

끝까지 가보는 감행. 왜 아프지 않은지…. 완보의 대견함 그 뒤의 피로. 그 모두가 내 것이다. 오직 나 홀로 뛰고, 나 홀로 맞는 그 먼 길. 또 한 내가 길 끝에서 멀리를 본다.

— (펜문학, 2010년)

몽환夢幻

오래전 한 사람이 있습니다. 그 시간의 배경이 흑백을 넘어선 마치 황톳빛의 그것 같아 오래전이라고 밖에는 표현할 수 없습니다. 그 한 사람의 출현은 매번 돌연한 그것이어서 감당키 어려우나 어찌된 셈인지 그의 신호는 조난 신호를 닮아있어 달려가지 않으면 금시 어찌될 것만 같은 불안을 담고 있어 매양 버선발로 달려 나가게 됩니다. 짧게는 몇 년 길게는 십 년의 호흡으로 신호음을 보내옵니다.

어디서 어떻게 살았는지는 만나고서야 결과적으로 알게 되지만 그래도 문제될 것이 없고 그저 서로의 건강과 안녕을 확인하면 바로 끊어진 세월을 이을 수 있는 사이가 됩니다. 두 사람은 언제 그렇게 오래 떨어져 있었냐는 듯 광화문 책방을 들르거나 그 연해 있는 영화관을 향하면서 둘에게 익숙한 그 길을 함께합니다. 조금 더 길을 확대하자면 광교, 미도파, 남산, 소공동, 덕수궁으로 이어지는 기억 속으로 들어가게 되어 머리에 지도 한 장이 그려집니다.

그 사람의 번호를 저장할 수 없는 것이 특이하다면 그렇겠습니다. 무슨 비밀첩보원도 아니면서 갈 때도 간다는 말 없이 올 때도 예고 없이 나타나 몇 시간을 기약하는 적도 있습니다. 이런 사이를 무엇이라 이름할 수 있을까 하여 묻기도 했지만 그는 말없이 책갈피를 펴곤 합니다. 기다리면서 골랐다면서 건네주는 책으로 그저 마음을 가늠할 뿐이어서 책 제목을 뚫어져 볼라치면 그 역시 별 의미 없는 것이라며 길을 안내합니다.

갑자기 눈이 내려 사람들이 좋아라 시내를 누비던 어느 날, 문득 또 옛날같이 신호음이 울렸습니다. 낯선 번호라 경계심이 있던 터지만 그 속에서 들리는 음성은 너무도 익숙한 소리이어서 그럼에도 예의 급박한 조난신호를 닮은 소리에 놀라 달려옵니다. 그는 다음날 출국한다면서 몇 시간을 예고합니다. 그날 우리는 남산을 올랐습니다. 앞서 황톳빛 기억이라 예시했지만 그때, 우리가 최초로 이별했던 곳 미도파를 지나 지하도를 건너 신세계 앞도 지나고 길 건너 옛 아시아나 건물을 확인하면서 길 옆 도로를 구불구불 따라 걷다 하늘을 향한 계단을 타고 케이블카에 다다릅니다. 어디에선가부터는 서로의 얼굴을 확인하지 않고 그저 앞만 보면서 길을 걸으며 이른 곳이 그곳입니다. 둘은 말없이 유리로 된 차에 올라 발밑을 내려다봅니다. 차에 오른 사람들이라면 느꼈을 법한 까마득함은 나이가 들어서도 여전하여 함께 탄 사람과의 일체감은 동시적인 일이 되어 가만히 그에게 의탁하게 됩니다. 그러나 잠깐이면 당도하게 된 정상에서 다시 분리된 두 사람에게 이번엔 찬바람이 몰아칩니다. 눈까지 더해진 바람을 만나 그의 외투자락에 몸을 숨기며 팔각정을 지나 하늘 아래 정상인 듯한 건물 옥상에 이르니 사람들로 만원이었습니다. 관광명소인 연유도 있고 연인들이 약속을 하는 장소인 듯도 하여 사람들이 가득한 터였습니다. 옥상에 쇠줄을 매어 장식을 하였는데 거기에는 끝도 없이 많은 자물통이 달려 있습니다. 사람들이 오랜 약속을 맹세하면서 걸어놓은 열쇠를 잃어버린 그것들이 수 없이 매달려 한 장식을 이루고 있습니다. 더 이상 무엇을 약속할 것이 없는 우리는 한 옆 찻집에 앉아 그저 물끄러미 그것을 바라보고 있었습니다. 그 너머 멀리 보이는 타워 건물은 이다음에 가보자며 다음을 기약했습니다. 과연 다음이 있기는 한 것일까요.

그러나 우리에게 다음이 마련되었습니다. 몇 년이라 말하지 않겠습니다. 짧아도 몇 년이고 길어도 하루 같은 시간의 이미지이기에 분별은 무의미한 기술이니까요. 그저 우리가 다시 만났다고만 표하겠습니다. 어느 별에서의 하루, 뭐 그런 이름이면 더 좋겠습니다. 지난 만남이 남산 기슭 폭설 한가운데서 이뤄졌다면 이번에는 광화문에서 정동까지 정동에서 덕수궁에 이르는 그 길을 걷게 되었다는 점이 다른 사정일 것입니다. 돌아보면 계절의 배경이 겨울로 겹쳐집니다. 이름의 장식성으로 하루라 했지만 이번에도 세 시간이라는 한정된 시간이었습니다. 또 내일 출국이라 말했고 주어진 시간은 얼마라 이름하면서 정동길 입구에 다다랐습니다. 양 옆 건물들의 이름을 대라면 다 댈 수 있고 그리라 해도 다 그릴 수 있을 만큼 한 발 한 발을 타박타박 걸었습니다. 본시도 그 길을 좋아해서 혼자서도 잘 걷던 그 길을 그와 함께 걸었습니다. 하루 종일 이야기해도 이야기가 그치지 않는 그 사람하고 말입니다. 만일 그 사람과 평생을 동행하기로 약속했다면 그건 아마 이야기가 그치지 않는 그 점이 좋아서였을 것입니다. 그리고 지금의 행보가 동행에 속하는 것이라면 우리는 아마 함께 이야기를 짓고 있는 중일 것입니다.

이름도 고운 여학교를 지나 얼마를 걸으니 붉은 벽돌로 지은 정동교회를 만나게 되어 작은 목례를 하며 길을 돌아서는데 〈광화문 연가〉 노래비가 보입니다. 노래를 잘 부르는 그가 그 앞에 섭니다.

이제 모두 세월 따라 흔적도 없이 변해 갔지만 / 덕수궁 돌담길엔 아직 남아 있어요/ 다정히 걸어가는 연인들/ 언젠가는 우리 모두 세월을 따라 떠나가지만/ 언덕 밑 정동길엔 아직 남아 있어요/ 눈 덮인 조그만 교회당/……

두 사람은 나직이 노랫말을 따라 읽어내립니다. 그리고선 그 앞을 떠납니다. 좌우로 예술이 흐르는 그 길을 걸으며 조각 작품과 미술관 휘장들을 유정한 눈으로 하나하나 살핍니다. 주어진 시간이 짧아 스치는 것이 아쉬운 마음으로 걸음은 이어집니다. 아마도 그의 연출은 덕수궁에서 막을 내리려는 것인지 이번에도 묻지 않고 덕수궁 안으로 들어섭니다.

초겨울 날씨가 꽤나 쌀쌀하여 그 시각쯤엔 볼이 발갛게 달아올랐을 것입니다. 그 사람이 추워 보이는 나를 손으로 이끌어 한 손을 자기 코트 주머니에 담아둡니다. 높은 구두를 신지 않은 나와 키높이가 크게 다르지 않아 우리는 어린 날의 친구가 되어 궁안을 돌게 됩니다. 이즈음 새로이 시작한 그림공부 덕에 나무들의 빛깔이 어찌 그리 아름다운 중간색이던지…. 오래된 목조건물 안에 배인 색도 한참을 들여다보았습니다. 그가 마련해준 시공이 모두가 공부 같아 열심히 주목하였습니다. 마침 박물관은 공사중이고 건물 뒤를 돌아 후원에 당도합니다. 우리가 소설이나 영화를 보면 마치 작위적인 배치들이 있어 고개를 갸웃하는데 실제 그 배경에 놓이니 음악 소리가 들리고 어디선가 까치 두 마리도 내려앉아 두 사람은 그 작위 속에 들게 됩니다. 하여 둘은 가벼이 웃음을 주고받습니다. 그리고 가만히 주변 돌의자에 앉아 잠깐을 쉬었습니다. 드문드문 지나가는 사람들이 있어 말이 끊어지기도 하지만 그래도 편안한 자리였습니다. 이렇게라도 가는 세월의 순간을 잡아

너와 함께 여기에 있다는 사실이 참 좋다는 말을 그가 하였습니다. 다른 이야기는 끝이 없어도 '좋다'라는 말을 그리도 아끼는 그가 비로소 궁의 후원에서 털어놓았습니다.

이제 우리는 시계를 봅니다. 정해진 시간을 이미 지나쳤던가 봅니다. 그가 이번에는 서두릅니다. 오던 길과 달리 쫓기듯 걸음을 옮기다 출구쯤에 있는 유리로 된 찻집을 만납니다. 그는 걸음을 멈추고 차 한 잔을 권합니다. 평소 같으면 괜찮다고 길을 재촉하였을 나였지만 그날은 그의 사정을 생각하지 않고 그의 권유에 따릅니다. 우리는 쌍화차 두 잔을 주문하면서 어쩔 수 없는 웃음을 지었습니다. 다시 만날 때까지 건강하기로 합니다. 그리고 그는 떠났습니다. 궁을 나서자마자 지나가는 택시를 잡아타고 뒤도 돌아보지 않고 떠나갔습니다. 나는 그 자리에 한참을 서 있다 갈 곳을 잃은 듯 다시 광화문을 향합니다. 길을 잃으면 처음 자리로 돌아가야 한다는 말이 있는 것처럼 거기에 닿아 비로소 혼자인 것을 실감했습니다. 이제부터는 혼자서 걸어야 하는데 어디로 가야 하는가 잠깐을 망설이다 인사동을 향했습니다. 거기에 그림이 있기 때문입니다. 무한히 개방되어 있는 것 중에 무심히 들어가게 되는 어떤 전시가 있는데 그것이 인연이지요. 우리는 흔히 사람과의 인연만을 인연이라지만 세상의 모든 것과는 인연이 있는 것이지요. 그날은 평소라면 지나치게 되는 어떤 작은 화랑에 이끌렸습니다. 밖에 걸린 휘장을 보고 들어섰지만 들어서니 만유의 세계가 펼쳐 있었습니다. 크고도 넓고도 깊은 세계를 그려놓은 작가에게 경의를 표하고 돌아서면서 화첩 하나를 사들고 집에 돌아왔습니다.

그냥 얻던 화첩에 익숙하여 인색한 마음으로 사든 화첩을 무심코 펼치는데 마음을 휘감아 도는 작품이 있어 인연을 떠올리게 된 것이지요. 모든 게 그저 스칠법한 우연 속에 한 일이었습니다. 오래전도, 몇 년 전도, 어제도, 오늘도…. 불과 몇 시간 전의 일도 분명 있었던 일인데 어쩌면 그리 실감이 나지 않는 것일까요.

화첩 속 어느 하나가 나의 마음을 휘감고 돕니다.

돌아와 세간 일을 살펴보니 마치 꿈속의 일과 같구나 - 却來觀世間 猶如夢中事

— (좋은수필, 2011년)

지금, 여기

아무도 시간을 묻지 않는다. 언제부터인가 우리 주위에 시계가 사라지고 있다. 예전에는 어느 길모퉁이쯤에 또는 어느 건물 정중앙에 둥그런 시계 하나가 걸려 있어 딱히 시간을 알려고 하지 않아도 인지할 수 있었다. 그리고 우리는 모두 어딘가로 향하고 있었기에 가던 길을 재촉하곤 했다. 그러나 지금 우리 앞에는 추억의 시계가 사라지고 사위에 초침 돌아가는 소리처럼 늘리는 소음 속에서 쫓기듯 어디론가 떠밀려가고 있다. 아니면 모든 소리를 사양하는 양 귀를 막고 자기 소리에 취해 각자를 살고 있다.

지금도 어딘가에선 한적하게 걷는 이들이 있을까. 문득 옛날이 그리워진다. 지금은 대학로라 불리지만 그때는 명륜동 길, 혜화동로타리 그런 이름이었다. 그리고 남산 길, 삼청동

길, 청계천 고서점 거리, 종로 길을 지나 광교 거리를 스쳐 명동 길에 들어서면 도심의 종착지인 듯 그곳에서 만남이 이루어지곤 했다. 돌아보면 삼십 년 전의 일이다.

며칠 전 그 시절 아끼던 시계 하나를 찾아 먼지를 닦고 태엽을 감아 시간을 시험해 보았다. 수십 년 정지되어 있던 터인데 과연 움직일까. 나와 더불어 그 오랜 세월을 함께하면서도 존재감만은 잃지 않고 있었기에 오늘과 같은 날이 있는 것일까를 생각하면서 그의 움직임을 관찰하였다. 초침이 없는 시계이기에 순간이동을 볼 수 없지만 분명 분침이 움직이면서 시간이동을 확인할 수 있었다. 왜 하필 자판이 파란 그리고 모양도 네모형인 그 중성적 시계의 태엽을 감게 되었을까. 시계를 좋아하는 내가 모아놓은 많은 것들 중 그것에 생명을 부여하는 이유가 있었을 터인데…. 단순히 모양이 좋아서 색이 고와서 기념이어서 그렇게 각각 고유의 의미를 담고 있는 시계들이 모아놓은 자리에서 자기들의 추억을 나에게 고유하고 있다. 나는 너를 알고 있다는 듯 그것들을 향해 눈짓을 보이며 한 번씩 자리이동을 해주었다. 그리고나서 그 중 하나를 집어들었다.

이제는 갈 수 없는 그때를, 그 곳을 생각하고 싶었던 것일까.

생래적으로 아무것도 버리지 못하고 살아가는 터라 조그만 메모까지도 간직되어 있어 집안 구석구석이 어쩌면 비밀의 화원이다. 어느 구석에 무엇이 감춰져 있는지 몰라 그것을 간직하고 사는 나 자신도 어디에서 무엇이 튀어나올지 모른다. 그러나 그 모르는 사실이 참 좋다. 어느 땐 오늘처럼 마음을 먹고 그것을 찾아내 나름의 추억 속으로 빠져들 여유를 만들 수 있으니 말이다.

시간의 속성은 직선이기만 한 것일까. 그것이 숫자판의 수처럼 일, 이, 삼, 사…. 그렇게 수식으로 흘러가기에 또 가면 그만이기에 직선으로 받아들이는 것은 아닐까. 공간적으로는 철길 위로 끝내, 끝끝내 구불구불 피어오르는 아지랑이처럼 무정형의 그것일 수 있고 회화적으로는 그림 속 소실점처럼 보일 듯 말 듯 숨어있는 한 점의 상징일 수 있고 오늘처럼 꺼내고자 하면 언제나 꺼낼 수 있는 흐르는 물길 속의 여울목일 수도 있겠다. 다만 우리는 그것을 유보했던 것이다. 갈 수 없고 볼 수 없어 시간은 수첩에 보관되어 있었고 그림처럼 걸려 있을 뿐이었지 결코 사라진 것이 아니었다. 이제 살아갈 시간보다 돌아볼 시간이 많아진 것이었을까. 그것 역시 생의 시간표적인 수식이다. 설사 의학이 발달하여 수명이 길어진다 하여도 우리가 이성적인 추보가 가능하지 않은 생명선이 무슨 의미가 있을 것인가. 지금 돌아볼 수 있는, 그리고 생생히 살아실 수 있는 시금이 소중할 뿐이다.

어느 날 길 위에서 한 사람을 만났다. 살아 있으면 만난다는 말은 맞는 말이다. 만난 그 순간은 찰나였는데 만남이 마련해 주는 시간과 공간은 무궁하다. 생각이 지평이 그러하단 말이다. 진정으로 까마득히 묻힌 세월이었다. 그러나 그것은 잠시

덮어둔 휘장처럼 열리려고 하니 한 순간이다. 그렇게 덮여졌던 무심함은 무엇이고 지금의 이 탄력은 어디서 오는 기운인가, 하늘에 묻는다. 이렇게 갑자기 찾아오는 시간과 내 안에 펼쳐지는 이 공간의 넓이는 무슨 의미인가요 하고. 신께 의탁한 이들은 신전을 찾아 기도하리라. 그러나 나는 늘 하늘에 묻고 답하면서 길을 가고 있다. 내 마음이 시키는 대로.

지금은 '푸른 시계'가 가리키는 그 시간을 살고 있다. 얼마 전만 해도 내 손목엔 시계 대신 팔찌가 흔들리고 있었다. 그런데 지금은 '푸른 시계'가 그 자리를 차지하고 있다. 내 안의 소리가 나를 인도하는 날은 어느새 삼십 년 전의 내가 되어 거리에 놓인다. 그러면 내 걸음에 힘이 실린다. 나는 그때 하늘 높은 줄 모르고 세상의 색은 흰색만이 있는 줄 알았고 나쁜 사람(?)들과는 말도 섞지 않았다. 그리고 착한(?) 일만 했다. 그 모든 것이 나의 판단이고 나의 선택이었던 시절이었다. 아무의 말도 믿지 않고 오직 나만이 필요했던 시절이었다. 얼마나 걸어왔을까. 그것을 거리로 환산하면 얼마마한 거리일까마는 오늘처럼 시간을 거꾸로 돌리니 문득 제자리걸음을 걷고 있던 듯싶다.

누구에게나 돌아가고 싶은 시절이 있을 것이다. 자기를 어디만큼에 갖다놓고 싶은지 누군가 묻는다면 나는 어디로 가고 싶은 것일까. 이 모든 가정은 가정일 뿐이고 부질없는 물음이다. 그러나 우리에게 부여된 이 언어적 유희마저 무가치하다고 외면한다면 세상에 과연 가치있는 것들은 무엇이란 말인가. 우리가 말로써 말을 할 수 있는 자유가 있어, 글로써 글을 쓸 수 있는 추구가 있어 이 삶은 한 꼭지의 평화가 있을 수 있는 것이라고 본다. 우리에게 이마저 허락되지 않는다면 매일같이 나를 묶어 놓고 놓아주지 않는 이 생활의 사슬에서 벗어날 수 없을 것이다.

벗이여, 어느 날 그대가 나를 만났을 때 내 팔뚝에 중성적인 모양의 '푸른 시계'가 채워진 것을 발견한다면 '아, 저 사람이 또 꿈을 꾸러 이 거리에 나왔구나.' 하고 그냥 내버려두기 바랍니다. 그날은 만남을 청하지 말고 그저 스치듯 눈인사만 받아주기 바랍니다. 그날은 동화 속의 인물이 되어 마냥 자유를 누리는 날일 것입니다. 그리고 또 어느 날, 그대가 나를 만났는데 '푸른 시계'는커녕 고개를 떨구고 갈 바를 몰라 두리번거리거든 아무 말도 묻지 말고 차 한 잔 청해주기 바랍니다. '푸른 시계'는 자판의 푸른색처럼 유혹적이긴 해도 감아놓은 만큼 가다 멈춰섭니다. 기계의 기능을 손보긴 했는데 어디에 이상인지 신기하리만치 하루를 넘기지 못합니다. 마치 신데렐라의 유리구두 동화처럼 어느 순간 현실로 바뀌면서 꿈의 시간이 정지되어 버립니다. 그런 날은 꿈에서 깨어나 서럽디 서럽기나 그 낭패감으로 하여 걸음이 천 근일 터, 그날은 그대가 무조건 나를 부축해야 할 것입니다. 그것이 사랑일 것이니까요.

사랑의 맥은 얼마나 깊은 것일까요. 잊었다고, 잃어버렸다고 알고 있었는데 삼십 년이 지난 지금도 생생합니다. 기억이겠지요. 기억 속에 점철되어 있는 점, 점, 점들…. 지나고 보면 모두가 '아름다운 상처'입니다.

따뜻한 것만이 정확하고 올바르다는 말이 있습니다. 동의하시는지요. 마음의 감수성으로만이 이해될 수 있는 비유일 것입니다. 참으로 막연한 그것, 따뜻한 것은 과연 무엇일까요. 각자의 선택이겠지만 그 따뜻한 것을 찾아 살아주십시오. 찾아보면 그 일이 작지 않다고 합니다. 우리는 때로 무엇이 옳은지 어느 것이 바른 것인지를 몰라 무엇을 하고 싶다가도 차라리 가만히 있는 포즈를 취하게 됩니다. 그러나 오늘처럼 이런 권유를 받는다면 삶은 축복일 수 있지 않을까요.

"…내가 가장 착할 때 당신은 떠났고 왜냐고 묻지 못했다…. 당신을 다시 만났다. 참 예쁜 당신. 당신이 나를 알아볼 줄 나는 알고 있었다. 이렇게 그냥 안아줄 줄 나는 알고 있었다."

내가 찾아낸 따뜻한 것 중 하나입니다. 나는 그 문장을 읽으면서 참 행복했습니다. 마치 연인에 대한 회상처럼 따뜻한 그 문장은 그러나 뜻밖에도 신춘문예 당선 소감에 쓰인 글귀입니다. 그 '당신'이 문학이고, 시 세계의 상징성인데 이윤설 시인은 그것을 그렇게 표현하고 있습니다. 모르지요. 중의와 비의가 있는 것인지. 있었으면 좋겠습니다.

문학에 목숨을 거는 벗들에게 드리는 작은 선물입니다. 과거와 미래, 회상과 상상 모두를 불러내어 축제를 벌입시다.

그 무엇보다 '지금, 여기'가 최선입니다.

— (한국현대수필 75인선, 2014년)

유구 가는 길

이제는 아무도 그립지 않을 무렵.

그 많은 유혹과 소요를 뿌리치고 이 길을 들어선 건 오랜 꿈이었습니다.

잡히지 않는 것을 잡으려 오랫동안 도심을 고집하면서 과연 무엇을 희구하였던 것인지. 목마르고 허기진 육신을 건사하기조차 힘들었던 시간이었습니다. 언제나 그렇듯 외관은 아무런 표식을 달고 있지 않은 채.

유구, 처음 그 이름을 들었을 때 숨이 멎는 듯했습니다. 세상에 실제 존재할 수 없을 것 같은 이름, Eternity, 영원이라 혼자 명명하면서 그것을 내 마음에 새겼습니다. 언제고 반드시 그곳에 이르리라고.

꿈을 그리면 이루어진다는 약속처럼 삶의 한 바퀴를 돌아예순의 새순으로 돋아난 지금, 나는 비로소 이곳에 머물게 되었습니다.

워낙에 도시의 아이여서 시골을 향한다는 것이 마치 유배인 것만 같은 비유가 있었기에 선뜻 짐을 꾸릴 엄두가 나지 않았는데 이제는 무엇이 준비되었기에 걸음을 뗄 수 있었을까요. 십여 년 이상 숲길을 걸으며 오랜 다짐을 하였습니다. 초록이 주는 평감에 힘입어 그 바닥에 마음껏 그림을 그릴 수 있게 되었습니다. 그 길에 들어서면 왜 그리 평화롭던지요. 또 얼마 마한 평안이 있던지를 떠올리면 전에 가졌던 불안이 절로 가시는 것이었지요. 오며가며 뿌려놓은 씨앗에서 어느새 결실이 나면서 주위가 풍성해집니다. 가도 가도 새소리뿐 도심에서 그리도 겁내던 지나친 소요가 여기엔 없습니다. 아무데나 누워도 좋고 어디를 향해도 소나무, 향나무 내음이 마치 나를 위해 차려진 성찬 위 향내만 같아 절로 배가 부릅니다. 흙길을 맨발로 걸어도 좋고, 가도 가도 끝없을 것만 같은 꽃길과 숲길이 이어집니다. 지금의 풍요에 까닭 없이 눈물이 흐릅니다.

그러고 보니 내 삶에 깊은 불안이 있었던 것입니다. 세상으로 난 여러 갈래 길 위에서 길을 잃고 어지럼증을 하소연하곤 했던 어린 태를 벗고 나니 평화와 평안의 길이 펼쳐집니다. 어느 나이건 살 만하더라는 선인들의 말씀은 그래서 옳은 안내가 되고 있습니다. 사람은 어리석어 그 모두를 겪어내고야 자기 길을 찾게 됩니다. 겪지 않고도 현자의 길을 아는 사람들이

적지 않지만 그들을 부러워하지 않으렵니다. 내 성정이 하도 어려 그 모두를 겪지 않았더라면 기쁨만을 아는 반편이 되었을 터. 이제 설움과 아픔까지를 읽을 수 있는 심경을 가졌기에 안도합니다.

지금 이 순간, 이 땅에 이르게 손 잡아준 당신께 감사합니다. 아침 해, 저녁놀, 하늘의 별 그리고 산과 바다를 새삼 떠올립니다. 이토록 고마운 자연에 속해 있으면서도 따로 떠올려 생각해본 적 없는 그 무심이 문득 부끄럽습니다. 숲 속을 흐르는 잔잔한 시냇물, 지저귀는 맑은 새소리 이 모두가 나를 위한 연주이기도 합니다. 여기에 앞산에서 불어오는 순한 바람까지를 창가에서 볼 수 있는 날이면 더 이상의 소망은 떠올릴 수 없는 그저 고마운 마음이 되는 것이지요. 그때는 절로 두 손이 모아지면서 누군가를 위해 고개를 숙이게 됩니다.

- (자연사랑문집, 문학의 집 · 서울 2015년)

연어가 돌아올 때

1997년- 네 번째 편지

다섯 번째 편지

열세 번째 편지

1998년- 일곱 번째 편지

열세 번째 편지

스물여섯 번째 편지

1999년- 첫 번째 편지

다섯 번째 편지

열세 번째 편지

열다섯 번째 편지

열여섯 번째 편지

연어가 돌아올 때

아직 떠나지도 않은 이 땅에서 나는 당신을 향해 이 글을 씁니다. 그리고 아직 떠나지도 않은 지금, 다시 돌아오는 날을 그리며 글제를 〈연어가 돌아올 때〉라 달았습니다.

흔히들 사람들은 '당신'이라는 호칭에 저항을 갖는 듯싶습니다. 그러나 나에게는 '당신'을 향해 글을 쓸 때면 내 모든 혼신을 다하게 하는 주술적인 부름이기도 하여 세상에 하나밖에 없는 사람, 당신을 향해 내 마음을 폅니다.

당신, 나 이제 서울을 떠나갑니다.

언젠가 한 번쯤 말했던 대로 사십여 년을 한 번도 떠난 적이 없는 이 땅을 떠나 아직은 이름도 낯선 땅으로 떠나게 되었습니다. 남들이 고향을 말할 때 내게는 고향이 없었습니다. 서울이 무슨 고향이냐고요. 그러나 이제 비로소 내 고향 서울을 떠나는 것입니다. 떠난 적이 없어 애태운 적이 없었던 엄마의 품 · 엄마의 강, 그 모천母川을 떠납니다.

참으로 알 수 없는 것이 내일 일이라 하더이다. 지난해에는 무엇인가에 쫓기듯 책 한 권을 세상에 내보였습니다. 나 스스로는 몇 년 전부터 했던 나와의 약속이라 그것의 실천이라 했지만, 여러모로 아직은 미숙한 시도였습니다. 그러나 아이가 열 달을 채우지 못하고 미숙아인 채 탄생해도 그 부모에게는 천금 같은 자식이듯 내가 낳은 자식도 귀한 존재로 많은 사람들로부터 축복을 받았습니다. 내게 너무 과분한 축복이었지요. 그때 생각했습니다. 아껴주시는 마음은 자식을 키우면서 두고두고 갚으리라 마음을 먹었습니다. 그런데 갑자기 떠나야 하는 일이 예비되어 있는 줄 어떻게 알았겠습니까. 내 인생길에 이러한 순서가 기다리고 있어 그렇게 바삐 걸음을 재촉했던가 봅니다.

이제 먼 길을 떠남에 앞서 왜 그리도 주위에 못했던 것만 생각이 나는지 모르겠습니다. 마음의 두서도 없고 시간도 없고 갈피도 못 잡겠고 갑자기 쫓기는 마음이 되어 가늠이 되질 않습니다. 떠나보면 알게 되겠지요. 그렇게 서두르지 말았어야 했을 것을. 늦더라도 하나씩 하나씩 마음의 점을 찍었어야 했을 것을, 하는 안타까움이 눈에 선한데도 그건 생각일 뿐 나는 한자리에서 꼼짝 못하고 신열을 앓고 있습니다.

어제 일이었지요. 그리 사랑하면서도 만남을 아끼던 우리가 모처럼 만났던 날입니다. 평소 존경하던 어른께 함께 인사를 가야 했던 길이지요. 우리는 이미 우리가 헤어져야 하는 날을 알고 있는 사이여서 서로 이별에 대한 이야기는 하지 않았습니다. 어른께 인사를 마치고 내가 당신을 배웅해야 할 처지가 되었더랬지요. 하여 나는 당신이 가는 곳까지 함께 걸었습니다.

이제 그만 가라고, 조금만 더 가겠다고, 우리는 그 말을 반복하면서 어느 만큼까지 갔습니다. 이제는 더 이상 안 된다는 당신 말씀에 그만 되돌아와야 했습니다. 그 중간 지대에서 하마 우리는 이별을 해야 했습니다. 아직 나는 떠나지 않았는데 마치 누군가가 시험을 하는 듯했던 마음, 당신은 아시겠지요.

당신과 나 사이에 넓은 찻길이 있어 차들이 많이 지나가고 있었는데 마치 우리 사이에는 이제 건널 수 없는 강이 있는 듯했습니다. 앞을 보고 가는 당신의 뒷모습을 보고 섰다가 이내 돌아섰습니다. 내 염려를 하는 당신 마음을 너무나 잘 알기에 그러다 한 번만 확인하자 돌아서면 어느 새 나를 돌아보고 있는 당신입니다. 몇 번을 그렇게 거듭하다 안 될 것 같아 나는 당신을 바라보면서 뒷걸음으로 걸었습니다. 그러자 당신은 그곳에서 멈춰서서 이제는 손사래질을 하는 것이었지요. 어서어서 가라고, 당신이 안 보이면 내가 가겠다는 마음으로 자꾸 손을 흔들었습니다. 당신의 뒷모습이 한 점 소실점이 될 때까지 그 자리에 붙박혀 있었습니다.

그러다 보니 어느 순간 당신이 보이지 않았습니다. 내가 서

있는 것을 알면 제대로 가지 못할 것을 아는데… 그런 당신이 보이지 않는 것이었지요. 나를 위해 걸음을 재촉했을 당신 마음을 알면서도 그렇게 쓸쓸했습니다. 그 자리에 주저 앉을 뻔했습니다. 아, 정녕 이별이구나 했습니다. 세상에서 나를 나 이상으로 사랑해주는 당신도 그렇게 떠나는구나, 했습니다.

얼마 전 읽었던 책 속에 이런 구절이 있었습니다. "보내거나 떠나야 하는 일은 너무 슬픈 일이지요. 그럴 밖에 도리가 없지마는요." 하는. 지금 나는 떠나야 하는 심정밖에는 모르겠습니다. 그간에 누군가를 떠나보냈던 경험이 있으면서도 그것은 까맣게 잊히고 지금은 떠나는 심정 하나에 묶여 있습니다. 간직할 것은 간직하고 버릴 것을 버리고 그 자리에 두어야 할 것은 그 자리에 둔 채 떠나갑니다.

사람과 사람 사이에 있어 사랑의 기류밖에는 읽을 줄 몰랐던 한 사람이 떠나갑니다. 나를 알아보는 사람이 한 사람도 없는 곳으로 발을 뗍니다.

실은 너무나 외로워서 그렇게 사람 사이를 갈망하는 것이라며 나를 염려해주던 당신. 언제나 자연 속에서 혼자이기를, 혼자이면서도 가득했던 당신과 나는 얼마나 대조적이었던가요. 사람들 속에 둘러싸여 있으면서도 늘 외로움을 타는 나는 언제나 당신 품에서 위로받고는 했습니다. 언젠가 자연의 품으로 회귀되기를 기다리면서 사람과의 사이에서 일어나는 모든 일을 그저 무조건 믿어주고 쓸어주던 당신. 무릇 사람들 간에는 다름이 있어 상처나게 마련인 것을 언제나 자연의 무위함으로 감싸주던 당신은 나의 영혼의 녹지대綠地帶였습니다. 이제 나 누구와 더불어 가슴의 공동을 메워야 할까요.

이제 이 땅, 내 고향에서 받았던 모든 은혜로움을 떠나 낯선 곳으로 떠난다는 사실을 어렵게 받아들이고 있습니다. 이 사실을 안 지난 며칠 동안 거리를 걷다가 일을 하다가도 문득 전신에 힘이 빠져나감을 경험했습니다. 그럴 때마다 떠오르는 얼굴, 당신입니다. 여느 때 같으면 공중전화를 찾았겠지요. 잠깐 찾았습니다. 앞으로 얼마만큼 시간이 남았는데 아직 시작도 아닌데 벌써부터 당신께 짐이 될 수는 없었습니다. 갑자기 눈에 눈물이 고이는 것을 참아내기가 어려웠습니다. 언제나 어려운 사람과 이웃한 당신을 더 어렵게 만들지 않으려고 아꼈던 시간을 지금은 후회하고 있습니다. 태백으로 들꽃을 보러도 함께 갔어야 했고 철새들을 따라 전국을 돌아볼 때도 함께 따라 나섰어야 했을 걸 그랬습니다. 이렇게 갑자기 헤어질 줄 알았다면, 어떤 장애가 있었어도 함께했을 것입니다. 이제 당신을 회상할 때 우리가 나누었던 그 길고도 길었던 '통화중'만을 상기하면서 나는 당신을 추억하겠습니다.

이런 날이 오려고 몇 년을 하루같이 함께했던가 싶습니다. 단 하루도 이어지지 않은 날이 없었지요. 분명 함께한 공간은 없이 시간만을 함께했지만 감성으로 헤아린다면 어떤 공간보다도 내밀했던 통화중이었습니다. 그렇게 오랜 대화 속에 묻혀 있을 나의 사람들을 당신께 부탁하고 떠납니다.

가까이로 내 혈육에서부터 몇 분의 선생님, 나의 친구들과 친지들 그리고 문우들에 이르기까지 나에 대해 모르는 것이 없는 당신께 사랑하는 사람들을 부탁하고 떠납니다. 사람은 결코 누가 누구를 대신할 수 없다는 것을 일러주면서도 내 마음을 어루어주는 당신입니다. 나의 부탁이면 모든 것에 '그래' 한마디로 답해주는 당신입니다.

그리고 지난가을, 단풍이 짙던 어느 날 춘천 청평사를 함께 올랐던 그분께도 내 마음을 전해주었으면 합니다. 그때 우리가 보았던 단풍의 빛깔과 소양호의 물빛을 기억하는 한 세월이 우리를 무심케 하는 일은 없을 것입니다.

짐만 지우고 떠나게 되어 당신께 너무나 미안합니다. 같은 서울 땅에 살면서도 늘 걱정만 하게 했는데…. 당신에 관한한 무엇을 정리해야 할지 모르겠습니다. 내가 당신의 존재를 떠나 온전히 설 수 있을까. 내 마음속을 들여다보고 있습니다. 언제까지나 독립적으로 설 수 없는 나를 위해 운명은 나의 등을 떠미는가 싶습니다.

다시 연어에게로 돌아갑니다.

지금 이 순간 나는 넓은 바다에서 3, 4년을 지나 전체 길이가 1m쯤 되는 성어가 되면 자기가 태어난 땅을 찾아 그 먼 길을 신기하게도 다시 되돌아와 알을 낳는다는 그 은빛 고기를 떠올립니다. 이제야 내 자신이 새끼 무늬를 걷어내고 비로소 어른이 되려고 먼 길을 떠나는가 봅니다. 사람들 속에서 저 혼자서는 절대로 어른이 될 수 없던 한 아이가 이제 큰 바다로 나아갑니다.

일 년 전 당신이 내 책 속에 남겼던 글도 어떤 예언적인 상징이었던가 봅니다. "그의 커다란 귀는 끝없이 세상을 향해 열려 있을 것이고 그의 강인한 글쓰기 정신은 쉬임없이 또 다른 책을 잉태할 것이다."라고 했던 말을 다시 한 번 상기합니다. 한 권의 책을 상재하고 나서 벙어리가 되어 있던 지난 6개월여, 당신의 말씀 속에서 다시금 힘을 얻어 먼 길을 떠납니다. 가는 그 길을 마음 깊이 기억하여 길 잃어버리지 않고 돌아오겠습니다. 다른 나라 말을 할 줄 모르지만 모국어로 일기를 쓸 수 있는 한 외롭지 않을 것을 이 순간 믿고 싶습니다.

언제나 자신보다는 남을 염려하는 당신, 나하고 하나만 약속을 해주십시오. 이제는 자신도 남만큼 돌보겠다는 약속을 해주어야 나의 마음이 가벼워질 것 같습니다. 부디 건강 조심해주십시요. 내가 있는 곳은 서울에서 비행기로 열 몇 시간이면 갈 수 있는 곳이고, 서울보다 시간이 여덟 시간쯤 늦게 가는 곳이라고 합니다. 당신이 새벽 다섯 시경 눈을 뜰 때면 나는 밤하늘의 별을 보며 잠자리에 들 것입니다.

지금도 아직 떠나지 않은 내 염려를 하고 있을 당신, 이제 이별입니다.

많이 고맙고, 많이 미안합니다.

1997년- 네 번째 편지

날마다 비둘기 한 마리가 침상에 찾아들어 뭐라고 소식을 물어다 줍니다. 참으로 신비한 것은 그 먼 길을 잃어버리지 않고 찾아든다는 사실이지요. 한편 고맙고, 눈물나는 은혜를 입고 있음입니다.

비둘기 발목 한 쪽에 묶인 종이쪽지 속의 모르스 부호처럼 긴 사연을 짧게 전하려는 점자들도 저는 알아볼 수 있습니다. 그저… 점이 이어져 있는 상황이너라도 다 알아볼 수 있는 것이지요. 그러나 제 집 비둘기는 그곳을 찾을 줄 몰라 제가 기르고 있더라도 제게 도움을 주지 못하고 있습니다.

그저 언젠가 갈 수 있다는 평화의 상징일 뿐 직접 도와주지 못하는 한낱 미물이지요. 그러나 그 상징성이 또한 얼마이던가를 생각하면서 귀히 바라봅니다.

날지 못하는 비둘기, 그래서 다시 가난한 마음을 어쩔 수 없어 책상 앞에 앉았습니다. 비둘기를 쓰다듬은 후 바로 곧 숲을 다녀왔습니다. 며칠간 못했던 산책이었지요. 허리에 코르셋을 두르고 무장을 한 연 후 한 발 한 발 떼며 다녀왔습니다.

귀에는 테이프를 꽂고 아무런 장식없이 다녀오는 길입니다. 그곳에 가면 제가 이름 붙여놓은 나무가 있는데 그 나무를 오른팔로 둘러 안으면 하나 가득하답니다. 그리고 그곳에 가만히 볼을 부비면 수피라서 분명 거친데도, 조금 있으면 더없이 부드럽습니다. 그것 또한 신비한 경험입니다. 가만히 이름 불러주면 이야기도 나눌 수 있지요.

뿌리 하나에서 지상으로 Y자 형의 가지를 이룬 나무인데 그것을 선택했습니다.

"내가 너의 이름을 불러주니…." 그날부터 나와 관계를 맺은 그 나무를 차츰 눈여겨보고, 찬찬히 관찰도 하곤 합니다. 처음엔 뿌리 하나로 보였지만 그 최초의 시작은 각각의 뿌리였습니다.

그러니까 각각의 뿌리에서 자라나 하나가 된 듯 보이는 그곳에서 다시 Y자 형을 이룬 모습인데 참으로 제 묘사가 부족한 듯싶습니다.

이제는 인성까지를 갖춘 하나의 격을 느낍니다. 마치 사람의 결을 느끼듯이 마치 오랜 벗인 양 그에게 기대기도 하고 쓰다듬기도 하면서 음악을 듣습니다.

'신지'에서 아저씨가 들려주던 음악이라도 들리는 순간이면

플로어에서 양춤을 추는 듯한 분위기가 되어 숲에 분명 혼자인데 혼자가 아닌 그런 축제장이 됩니다. 그런 위로가 있어 숲에 가지요. 그렇게 홀로 위로하며 어제를 상기합니다. 어제, 그제 나는 왜 그렇게 몸이 아프고 눈물을 많이 흘렸던가를 돌아봅니다.

지금도 매양 아픈 것은 한 가지인데 오늘은 견딜 만한 사정이고 그전은 왜 그리 힘든 것이었는가를 혼자 묻습니다. 본시 몸과 마음이 따로인 게 아니어서 둘 중 하나가 탈이 나면 나머지는 따르게 되어 있지요. 그러니 몸이 심해지니 마음은 따라 못 견딘 게 아닌가 생각해 봅니다만 오늘 숲에서 알았습니다. 몸이 아프고 마음이 아픈 것은 평시에도 그랬고 그날 문득 몸이 울고 마음이 울고 싶었던 것이라고 이해했습니다. 제 몸에 대한 이해, 사랑하는 것은 이해하는 것이라고도 한답니다. 제 몸을 사랑하기 위해 그렇게 이해하고 나니 한결 위로가 됩니다. 몸이 울고 싶었구나, 마음이 울고 싶었구나 했습니다.

나무에 기대도 눈물이 나고 음악만 들어도 눈물이 나고 꽃이 피면 같이 웃고 꽃이 지면 같이 울던…. 그 길목에선 큰 숲이 떠나가도록 소리를 쳤습니다. 그랬더니 한결 견딜 만해져서 돌아왔습니다.

나 오늘 숲에/ 한 나무 심었네/ 심자마자 지명이 되는 나무가 있음을/ 나 오늘에야 알았네/ 그 나무, 제 심어준 이조차/

넘는 심덕으로/ 금시 은혜로움이네/ 의지가 되고/ 심지가 되고 / 내 가난한 주머니에 든든한/ 토지가 되어주는/ 실팍한 나무 한 그루/ 너 이제 나와 한 살씩/ 수령을 키우리/ 시간의 나이테를/ 두르리

— 〈한 나무를 위한 노래〉

안타까움이 지나간 자리에는 시가 남는다고 합니다. 세상의 모든 불행은 모두 시인의 몫이라고도 하지요. 그래서 시인들은 심지어 한밤에 켜져 있는 가등들을 보면서 "너는 외롭겠구나…." 하면서 그 '가로등을 위하여' 시를 남기기도 합니다. 하물며 사랑에 있어서는 시인들의 외침은 절규에 가깝습니다.

왜 안 그렇겠습니까. 그 여린 심성의 사람들이 겪기에는 사랑의 환경이 얼마나 무정하겠습니까. 결국 못 견디고 세상을 뜨고 마는 사람들도 있습니다, 간혹은.

"세상의 모든 길들이 끊어졌다…."는 경우와 "나는 간다. 저 광활한 우주로…." 그렇게 써놓고 떠난 두 시인을 저는 불행히도 기억하고 있지요. 하지만 다행히도 시인의 심성까지는 아니어서 그들의 여림을 함께 아파하는 정도의 결임을 남깁니다. 하여 시인을 흉내낼 수 있는 정도이지요. 나무 한 그루 심어놓고 복되어서 남긴 노래입니다.

시냐, 아니냐 이전에 그 나무가 잘 자라도록 기도해 주십시오. 제게는 시보다도 그 나무의 수령과 정기를 보호하고픈 의

지가 최선입니다. 금, 토, 일 그렇게 사흘을 보내고 나면 또 숲에 나가게 되겠지요.

제 호흡을 가다듬기 위해 무언가를 적어보았습니다만 역시 침묵으로 있는 것만 못하다는 생각이 따라옵니다. 그래도 삐뚤빼뚤, 오자 투성이더라도 언표는 중요한 것이라 여기며 오늘은 이만 인사드립니다.

누워서도 책읽기는 빠뜨릴 수 없는 하루 일과입니다. 어느 날 책읽기에서 - .

류, 당신 힘든 것을 보니 당신도 순정이었군. 진정 마음을 다하면 그토록 힘이 드는 것인지…. 무언가 간절해지고 무엇인가 그리워서 견딜 수 없어지는 것, 이런 것을 무어라고 하나.

'산 하나'에서 몇 발자국을 옮기면 '별 하나'가 나옵니다.

언제 어느 때 어느 곳에 있든 내게/ 당신은 닿아 있으니까요 / 힘내세요/ 나는 힘없지만/ 내 사랑은 힘있으리라 믿어요/ 내 귀한 당신께 햇살 가득하시길….

유실되었던 집까지 재건되어 보여진 작품을 대하고 펜을 들었습니다.

얼마나 큰 위로가 되던지요. 어제는 숲에 다녀왔습니다. 며칠간 추워서 산책을 못했는데 햇살이 그만하고 또 그 이름이 부르고 싶어 다녀왔지요. 늘처럼 오른손으로 쓰다듬으며 이야기를 나누었습니다. 그 느낌이 처음에는 유정하더니만 이내 비감해지더이다. 어떻게 하나, 어떻게 하나, 길은 멀고…. 하는 생각으로 문득 나쁜 생각을 하게 되었습니다. 살아갈 힘을 잃는 순간에 할 수 있는 생각이었는데 그건 분명 유혹이었습니다. 그래서 생각했지요. 아, 오래전 그 사람들이 이런 상황에서 견디질 못했던 것이구나 했습니다. 그러나 그건 순간, 찰나적인 생각이었고 이내 생각을 깊이 가다듬었습니다. 우선은 온몸에 가득한 물기를 거두고 먼 날에 있었던 즐거웠던 이야기를 상기하며 어쩌면 위기라 할 수 있던 순간을 넘겼습니다.

'相思'라 이렇게 쓰겠지요. 글자를 써놓고 보니 그리도 의젓한 자형인데 어찌 그리도 치명적인 힘을 가졌는지 모르겠습니다. 한 사람의 정신과 육체를 단번에 쓰러뜨릴 힘의 전도를 가졌으니 제 오늘 그 글자의 무서움을 깨닫습니다. 그 옛날 선비들조차 몸져 일어나지 못하던 병인 줄 글에서 보았으되 그 느낌이 관념이었을 뿐 오늘이 있을 줄 몰랐었지요.

어찌하여 예까지 왔을까요. 어찌하든 길을 찾아 상생으로 나아갈 수 있어야 할 터인데, 아직은 길이 보이질 않습니다. 하여 자꾸만 지금의 상황을 역전시켜 그렇지 않았더라면 생겨날 수 있는 모든 최악을 떠올려 현재를 받아들이려 노력 중입니다. 현장을 이해하면 조금 나아질 것 같으나 아직은 현재를 용인하지 못하는 데서 오는 떠돎인가 합니다. 그래서 나무에 몸을 의지해 간구하였습니다. 원래도 나무에는 활력이 있어 탁, 탁, 몸을 의탁하면 그 생기를 전해 받는다 들었던 터에 나무의 秘意와 더불어 제게 큰 도움이 되었을 줄 믿습니다. 우선은 몸의 회복을 빌었습니다. 마음의 형상을 따라 몸조차 신열을 앓는 것 같아 몸과 마음의 제자리를 간구하였습니다.

하루에도 몇 번의 감정 기복을 경험합니다. 그 모두가 기억의 선이 가져다주는 염력입니다. 참으로 기억이란 신비한 재화입니다. 제 비록 힘든 생활이오나 어쩌면 이제야 빈곤에서 벗어나는 역설 또한 한 상황입니다. 고요함 중에 모이는 모든 정기가 소중하오나 다만 기억 하나가 울고 있습니다.

다섯 번째 편지

낯선 이역의 거리를 하루 종일 걸었습니다. 왼손에 만년필을 쥐고서. 외로워서 그랬습니다. 그곳에서 가끔씩 외롭다 쓸쓸하다는 표현을 쓴 적이 있지요. 그건 모양이었습니다. 실제 아무리 걸어가도 비슷하게 생긴 얼굴이 하나도 없는 그런 도심을 걷다보면 '아, 지금 이것이 현실인가.' '내가 꿈을 꾸고 있는 것은 아닌가' 스스로 독백에 잠기기도 합니다.

아무도 벗할 수 없는 이 순간 왼손에 가만히 쥐여 있는 펜만이 동행입니다.

다시 또 미안하고 생각하면 고마운 사람입니다. 그 '아름다운 사람'에게 그 같은 고통을 짐 지우고 온 생각을 하면 어느새 혼자라는 생각은 저만큼 달음질입니다. 기실 글 쓰는 사람에게 '고독'은 일부러 공부해야 할 저편이기도 한데 이렇게 한

시기 운명적으로 찾아온 것을 어찌 보면 고맙게 받아야 할 것 같습니다. 하여 저에게 주술을 겁니다.

신께서 너를 사랑하고 너희를 사랑한 것이라고요. 언젠가 말씀드렸던 대로 제 힘으로는 도저히 어찌할 수 없는 구도였습니다. 제가 어떻게 살아갈 수 있겠습니까. 언제나 정직하고 싶은데 절대로 정직할 수 없는 구도 속에서 어쩌면 그들의 생명은 오래갈 수 없었을 것입니다. 항상 이편에서 보면 저편이 최선인 것 같고 저편으로 내딛고 보면 본래 자리가 최선인 것이 삶의 비의인 것 같습니다. 절대로 누구의 잘잘못 없이 절대로 누구의 등짐없이 만들어진 상황에 최선을 다하는 것을 삶에 대한 예로 받아들이고자 합니다. 지금의 제 의지는 누군가의 도움이 절대적으로 필요한 결심일 것입니다. 모든 것을 되묻는 그 과정 없이도 내 마음이 그 마음이고 내 생각이 그 생각이고 내 글이 그의 말이고 그렇게 마음의 준비가 됩니다, 이제는.

아무도 모르는 노래 소리를 들을 수 있고 한 줌 흙을 싸가지고 온 그 아이는 그 흙의 의미를 더듬을 수 있고 그의 모습조차 한 빈씩 챙겨볼 수 있는 그 아이는 그래도 행복합니다. 그런데 아무것도 남기지 못하고 떠난 그 아이는 그래서 또한 불행합니다. 한편 운명인가 합니다. 반反하여 살게 되는.

半幸. 半不幸 그런 말이 가능할는지요. '그를 만나 불행 속에 불편하였고 한편 더없이 편안하고 원하는 것 하나 없는 경지를 경험하였다.'고 누구에게라도 말할 수 있는 것이 또한 내면입니다.

아무런 호칭 없이 써내려가는 글 속에서 모르는 말이 하나도 없으리라는 믿음을 가지고 가는 한 사람을 봅니다. 그런 신념이 어떻게 가능할는지요. 더듬더듬 한 획 한 획 수놓듯 마음을 옮길 그 사람을 생각하여 그 마음에 대한 답을 준비합니다. 그 마음이 오는 그 시간, 내 마음도 거기에 닿아야 할 것 같은 그 마음을 아시는지요.

은우, 드립니다.

열세 번째 편지

말은 내가 그대에게 닿는 표정이고 손길입니다. 그러므로 하나도 놓치지 않고, 보고 읽고 만지고 하여야 그 순간순간을 포착할 수 있을 것입니다. 나는 어떻게 해서든 당신을 만나야 하고 때로 목을 빼기도 하고 또 손을 길게 뻗어 당신에게로 난 비좁은 철창 사이로 당신 손을 애닯게 붙잡아야 되는 것입니다.

마치 그 짧은 시간에 만나야만 하는 면회자들처럼 그렇습니다. 지금 우리는 누가 밖에 있는 사람이고 누가 안에 있는 사람인가의 문제가 아닌 서로 안에 있고 서로가 밖에 있기 때문에 때로 위치를 바꾸어가며 서로를 찾습니다. 위로와 격려가 있다 해도 절대로 일방이 될 수 없는 서로를 어루어주는 안타까운 '서로'입니다.

말이란 어느 땐 그리도 고맙고 절실한 언어이다가도 한순간 거추장스럽고 쓸데없는 또 시간만 소요하는 장식품일 뿐 우리는 단 몇 초의 말없음표 속에서 눈물짓습니다.

"이만, 안녕." "얼른 올라가보셔야지요." 하면서 글 쓰는 과정이 매양 그렇습니다. 빼고 더하고 숨 쉬고 말 안하고 묻고 답하고 혼자 말하고 하는데 그런 것들은 문장이나 괄호 안에 들기도 하고 쉼표로 나타내지기도 하고 말줄임표로 표시되기도 하고 큰따옴표로 이어지기도 합니다. 그리고 길게 설명되는 지문도 있습니다. 그렇듯 작가들은 마치 보석을 만지듯 말을 세공하는 것입니다.

하물며 당신에게 닿고자 하는 표현이라면 말해서 무엇이겠습니까. 그것은 나쁜 일을 도모하는 이들처럼 수단과 방법을 가리지 않고 제 안의 모든 것을 뽑아내어 순간 달려가는 것이지요. 그러나 제 의지가 그렇다 해도 저 이상의 능력을 찾을 수 없는 것이어서 매번 절망하곤 하는 것이지요. 그러나 사정이 그러하지만 "저는 저 자신에 대하여 기대합니다."

사랑의 힘은 가끔 기적을 보여주기도 하기에 한 번씩 그렇게 저 자신에게 그리고 저를 받쳐주는 당신께 열심히 권하는 것입니다.

"그럴 땐 편지를 쓰세요." 하고 말입니다.

우리는 때로 간수가 옆에 자리한 채로 이야기를 나누기도 해야 합니다. 그럴 때 낯 모르는 이가 곁에 있다 해서 점잖은

우리가 끝내 점잖을 수밖에 없다면 우리는 또 그 긴 하루를 살아야 하니까요. 하여 우리는 그네를 의식하지 않고 가능 한 많은 신호와 기호를 가지고 그 짧은 시간에 많은 접촉을 해야 하는 것입니다. 말이란 그냥 매끈한 표면인데 우리의 마음을 거치면서 그 모양을 달리합니다. 때로 허물어지고 때로 젖은 상태로 그 형태를 바꾸는 것이지요.

언젠가 그는 이야기했습니다.

"그 사진 속에는 나를 사랑한다는 표정이 들어 있지가 않아. 그래서 싫어."

맞는 표현일 것입니다. 그것은 다수를 향한 표정이었으니 그대를 향한 고정된 표정과는 얼마나 먼 그것이었겠습니까.

"잘 안 돼. 손이 떨려. 잘 쓰고 싶은데…. 내 마음은 이게 아닌데 나는 글을 쓰는 게 너무 힘들어…. 그러나 쓰고 싶어서 쓰다가 뛰어 나왔어. 다시 올라가 계속 쓸 것이요, 그게 어떤 마음인지 기다려봐요. 머지않아 당도할 거요."

"그래요. 당신의 그 어눌한 표현이 얼마나 내 마음에 한 자 한 자 핏빛으로 각인되는지 당신조차 모를 겁니다. 지금처럼 부디 지치지 말고 그렇게 살아주어요. 사는 건 노력이고 애씀이고 정성의 연속입니다. 우리가 이렇게 헤어지지 않았으면 이런 느낌은 절대로 느낄 수 없었을 것입니다. 이건 노력해서 알 수 있는 느낌이 아니고 상상해서 알 수 있는 느낌도 아닌 절대 '현재'를 살아야만 느낄 수 있는 '무엇'입니다."

"그래, 맞아. 나도 그렇게 생각하는 때가 많아. 많은 것을 느끼고 있어. 고마워."

"비록 힘들고 아픈 과정이지만 삶에서 그냥 살았더라면 절대로 알 수 없던 비의입니다. 가끔씩 떨어져 있던 그때도 숨막히는 단절이었는데 이것은 그와는 비교도 되지 않는 단절입니다. 우리는 다시 만날 사람들이지만 마치 다시는 만나지 못할 것 같은 느낌 속에서 살고 있습니다."

"나는 안 그래. 언제나 희망 안에 있지. 꿈속에서도 만날 수 있고 만나기도 하고 그래."

"이 순간도 斷崖를 느낍니다."

비수와 강변에 나와 있습니다.

한 번 꼭 와보고 싶던 강변이건만 머뭇머뭇하다가 이제야 한 번 나와 보았습니다. 이곳에 온 지 근 삼 개월이 지나서야 이곳에 올 용기를 갖고 오늘 비로소 나와 앉아 있지요. 400km 이상 떨어져 있는 바르샤바까지 이어진다는 이 강은 가까이 와보니 암록색을 띠고 있습니다. 우리의 강빛도 이런 빛이던가요. 아닌 것 같습니다. 숲의 나라여서인지 지상에 있는 많은 나무들의 빛깔을 품어 안고 있는 비수와 강빛은 참 아름답습니다. 강물 위에 백조를 포함한 청둥오리 그 밖에 여러 새들이 한유롭게 움직이고 있는 아주 풍요한 빛깔을 가지고 있는 강이랍니다.

강변으로는 그 유명한 바벨 성이 보입니다. 어느 날에는 저 바벨 성에도 올라봐야겠지요. 멀리 '포름' 호텔이 보이고 오후 2시인데도 온통 도시가 회색빛입니다. 안개를 휘감고 있는 잿빛이기도 하고요. 마치 비가 내릴 듯한 분위기입니다. 참으로 영화 속에서나 보았을 그런 풍광, 그런 풍경, 그런 세계에 나만 홀로 있습니다. 강가에는 아름다운 나무들이 암수로 보이는 듯 각각 두 그루씩 그렇게 도열해 있습니다. 마치 작품 같습니다. 멀리 강변에서 입맞춤하는 연인들을 봅니다. 그들은 아무런 생각 없이 그들의 사랑에 열중해 있는데 바라보는 내가 부끄럽습니다.

물 위를 나는 새들, 멀리 다리를 오가는 차들, 전차도 보이고 스카이라인이 야트막히 드리워진 비수와 강변, 다시 보아도 아름답습니다. 건너편 강변에 낮게 자리한 건물들의 그림자가 물그림자 지면서 물밑 그림을 보이고 있는데 그것은 더한 검은 빛을 띠고 있어 그 위를 노니는 백조들과 대비를 이루어 그 정경이 더욱 아름답습니다. 도처마다 나무가 있고 숲이 있고 새가 있고 참으로 아름다운 방입니다.

날씨가 좋았더라면 강변에 앉아 해가 넘어가는 일몰까지 당신 생각을 하며 지켜보려 했습니다. 그러나 온통 잿빛 하늘이 나를 그런 낭만으로 인도할 것 같지 않아 오늘은 예서 발길을 돌립니다. 언제 따로 날이 있겠지요. 이곳에서 일몰 그 빛깔의 변화까지 모두를 당신과 함께 지켜보려 합니다.

그렇게도 원하던 익명의 땅에 왔음에도 불구하고 익명이라는 것, 감상적으로만 꿈꾸던 익명의 땅, 그것은 책 속에서나 우리를 어떤 낭만과 이상으로 데려다 줄 뿐이지 실제 익명의 땅을 밟는 나에게는 알 수 없는 적막감뿐입니다. 이것이 외로움이겠지요. 가도 가도 누구를 만날 수 없는, 만난다는 보장이 없는, 아무하고도 인사를 나눌 수 없고 아무와도 이야기 한마디 나눌 수 없는 이 고적한 걸음 이것이 외로움이겠지요.

1998년 - 일곱 번째 편지

佳山, 우리는 지금 얼마마한 시간을 놓치고 있는 것일까요. 이것이 유실일까요, 저장일까요 아니면 지금도 공유하는 것일까요. 문득문득 지금 이 순간이 귀히 생각될 때면 마치 강물에 떠내려가는 유년기 때의 꽃잎처럼 안타깝습니다. 참으로 귀중한 '무엇'을 속수무책 떠내려 보내고 있는 건 아닌지 생각되는 것이지요. 그러나 하루 스물네 시간 영혼이 온전히 잠들어 휴식하는 때를 빼고는 그 기억을 놓치지 않고 있으니 그런 것은 아니라고 고개를 흔듭니다. 제 의지로 놓치지 않는 것이 아닌 저절로 제 곁에 항시 머물러 계시는 당신입니다. 그건 제 의지가 아닌 山의 의지 같기만 합니다. 부끄러워할 공간도 주지 않고 집요히 함께인 것을 보면 그렇습니다.

佳山, 마음을 풀어놓는 것은 마치 저고리 앞섶을 드러내는 것처럼 부끄럽고 제가 원하는 여인의 상이 아닙니다만 그 먼거리가 저로 하여금 앞뒤를 가리지 않고 마음이 앞서가는 성급한 여인네가 되게 합니다. 언제나 염려되는 건 당신께 '짐이 될까 봐, 폐가 될까 봐'입니다. 일상은 평범을 찾아가는데 마음은 더욱 안타까워집니다. 어인 일일까요. 언제나 단아한 당신의 필체와 음성을 닮고 싶은데 천성을 감출 수 없음 또한 부끄럽습니다. 그러나 그렇게나 많은 유실을 감당키 어려움으로 헤아려 주옵소서.

佳山.

"하늘이 이 세상을 내일 적에 그가 가장 귀애하고 사랑하는 것들은 모두 가난하고 외롭고 높고 쓸쓸하니 그리고 언제나 넘치는 사랑과 슬픔 속에 살도록 만드신 것이다" 했답니다. 지금 가난하고 외롭고 높고 쓸쓸하고 사랑 속에 슬픔 속에 계신지요? 그렇다면 당신은 분명 神의 사랑을 받고 계신 것입니다.

佳山, 9시 25분이 되어도 해는 뜨지 않았습니다. 오늘은 그렇게 불가사의하게 해도 뜨지 않고 날이 저무는 하루가 되는가 했습니다. "기다렸지?" "네." "…." "중요한 말씀을 못 하시겠네요?" "그래." "대신해. 자, 그러면 안녕. 그 다음 인사는?" "이렇게…. 이별입니다."

누구도 제게 이런 편지를 보내 준 사람이 없었습니다. 그렇게나 정신의 교유를 갖고자 했지만 세상 모든 이들은 사랑 아니면 이별이라는 공식에 익숙했고 그 나머지 '사랑의 완충지대'

는 누구도 함께 발을 들여놓으려 하지 않더이다. 현실에서는 문학에서는 예술의 어떤 영역에서는 가능한 일인데 말입니다. 하여 저는 끊임없이 일기를 쓰면서 스스로 위로하는 삶을 살았던가 싶습니다. 어쩌면 그렇게도 함축된 글을 쓰시는지요. 모자라지도 넘치지도 않는 중도의 글을 접하면서 역시 선비의 후예라는 생각을 하게 됩니다.

佳山, 당신은 분명 선비의 후손입니다. 오래도록 손에서 펜을 놓고 지내시던 분이 남들이 그렇게나 어렵다는 글을 쓰고 계시니까요. 그것도 명문으로 말입니다. 우연은 아닐 것입니다. 언제나 책을 가까이 읽고 계시던 모습에서부터 그 기미는 읽혀졌습니다만 그리고 저의 습작이나 낙서도 그렇게나 귀히 들어주셨을 때도 당신의 살핌이 예사롭지 않았습니다만 끝내 펜을 들어 화답해 주시는 모양이 그 옛날 선비의 정신을 증명하고 계십니다.

힘내시어요, 佳山. '恒心이면 恒産'이란 표현을 기억합니다. 늘 지니고 있어 변하지 않는 마음이면 그 모양을 낳는다는 해석으로 품고 있었습니다. 글 쓰는 사세와도 연결되는 경구인데 사람의 마음에 비할 때 더 적절한 비유 같습니다.

佳山, 어느 해 드린 年賀의 글 속에서, 떠나오기 전 〈極點에서〉 그리고 〈다시 만날 때까지〉에서 저는 모두 말했습니다. 어쩌면 전부일 수 있는 모두를 드렸기에 더 이상은 부언일 뿐입니다. 하여 침묵이 더 깊은 언어인 줄을 압니다만 저는 오늘도 당신께 향합니다. 마음에 비해서 태부족인 언어를 빌려서 그래도 차선을 위하는 것입니다.

佳山, 당신은 제게 끝없는 사막 가운데 '아름다운 그늘'입니다. 오늘은 그 아래서 휴식입니다. 안녕히.

유월, 끝날에 은우 드립니다.

열세 번째 편지

佳山, 수요일 세 시를 가리키는 시각입니다. 날마다 습관처럼 오후 1시를 전후해서 알 수 없는 서성거림 속에 놓입니다. 이곳 모두의 풍습인 듯하진 않지만 우리 집 구역을 도는 집배원 아저씨는 자전거로 곁에 커다란 검정개를 데리고 정말 느릿느릿 돈답니다. 그렇게 느릿하게 걸으려면 자전거는 왜 필요한지 묻고 싶을 만큼. 그러나 친절하고 고마운 사람입니다. 제 우편물을 나 찾아다(?) 주니까요. 그리고 빙긋이 웃어주고 간답니다.

佳山, 왜 이렇게 우리 밖의 인물에 대해서 오래 이야기할까요. 월요일에 2주 동안이나 우리 주위를 맴돌던 그 안타깝던 편지를 받았는데 오늘 다시 편지입니다. "이번 글은 빨리 올 것입니다." 했던 은우의 말을 기억하시는지요. 구도가 이쯤 되면 진정 누군가가 우리의 나눔을 살펴주고 계시다는 생각을 아니 할 수 없습니다.

은우는 그 안타깝던 편지를 받고 다른 때와 달리 곧바로 답장을 쓰지 아니했습니다. 다만 거듭거듭 연일 시시때때로 읽었을 따름입니다. 너무나 오래도록 애타게 기다렸던 글이어서 그리고 글 모두에서 시를 얘기하시는 당신이 너무 애닯아서 어찌 위로하나를 생각하면서 사랑에 있어 슬픔을 만날 때 아픔을 만날 때 정작 당사자는 언제나 떨어져 있는 상대를 먼저 생각하는 가 봅니다. 반사적으로 자기의 아픔은 이미 저편의 일이고 한참 후에나 올 반응이기나 한 것처럼 말입니다.

어떠한 말로 어떠한 모습으로 그대에게 갈 수 있더란 말입니까. 말의 효용을 너무나 믿는 은우지만 한편 말의 무능을 너무도 뼈저리게 느끼는 거리 앞에서 때로 무릎을 꿇습니다. 아무리 마음의 심연을 길어 담는다 하여도 두 손을 부여잡느니만 어깨에 힘없이 기대느니 못한 한 줄의 관념 앞에서 시름에 잠기기도 했지요.

佳山.

“내 雨를 만나지 못하였던들….”의 문장을 대하면서 은우는 끝내 오열하였습니다. 그리고 천장을 보고 큰 소리로 외쳤습니다. 소리쳤습니다. 마치 가슴이 찢기는 듯한 아픔이었습니다. 당신의 공호를 부르며 부르면 마치 달려오실 수 있는 것처럼 부르며 눈물지었습니다. 사랑은 어찌하여 이렇게나 아픈 것이옵니까. 어찌하여 이 시기에 이런 슬픔을 감당해야 하는 것입니까. 저를 단련시켜 神께서는 저를 어디에 소용하시려는지 이 모두의 숨겨진 뜻은 오직 그분께서 알고 계실 것이며 먼 훗날에나 정의될 수 있는 우리도 모르는 '어떤 길'입니다.

佳山, 당신도 그리하실 것입니다. 크고 작은 일에 임할 때 우리는 나름대로 마음의 또는 육신의 준비를 하곤 하지요. 그런데 사랑하는 일은 아무런 준비 없이도 맞을 수 있는 신비한 대상임을 봅니다. 어쩌면 늘상 준비된 마음이어서인지 모르겠습니다. 그러나 당신께 드릴 선물은, 글은, 마음은 따로 찾지 않아도 사방 바로 머리맡에 손 뻗으면 닿는 그곳에 언제나 준비됩니다. 일부러 무엇을 고르지 않아도 늘상 준비된 그것을 순서적으로 길일을 택해 보내드리면 되는 것입니다.

세상에 존재하는 사랑하는 이들이 모두 그러할지 저는 알지 못합니다. 그러나 백사장 모래알도 같은 것이 하나도 없다 하는데 하물며 사랑에 있어 더구나 그 특별한 사람을 만남에 있어 얼마나 다른 반향을 남기는 그것이겠습니까.

佳山,

묻겠습니다. 우리가 정성껏 무슨 선물을 준비했을 때 그것을 건네는 이가 아름답겠습니까, 그것을 고이 받아 간직하고 또 꺼내보고 하여 닳아진 선물의 자취를 남기는 이가 아름답겠습니까.

제가 먼저 답하겠습니다. 물론 후자의 모습이 아름다움의 으뜸입니다. 그리고 그의 모습은 연인의 마음을 지켜주는 '사랑의 파수꾼'의 형상입니다. 기억하시지요. 사랑을 잃는 것은 내가 그의 마음을 지켜주지 못한 데서 오는 결과인 것을 말입니다.

佳山, 여학교 때 읽었던 펄벅 여사의 〈북경에서 온 편지〉를 다시 읽었습니다. 이 경우 당신께서도 함께 읽는 것입니다. 제 등 너머에서 함께 읽고 계시는 자취를 느끼니까요. 그러나 魂의 세계에서는 아무리 가까워도 바로 등 너머에 있다 해도 서로 말로써 소통할 수 없는 슬픔의 세계인 것입니다. 그것이 우리가 보이는 세상 속에서 많은 이야기를 저장해야 하는 이유인 것이지요. 함께 보았으나 기록을 아니 갖고 계실 당신을 위해 그날의 '독서 일기'를 옮겨 봅니다.

> 사랑하는 아내에게.
>
> 얘기하기에 앞서 우선 내가 사랑하는 이는 오직 당신뿐이라고 말해두오. 내가 지금 무엇을 하든 사랑하는 이는 당신뿐이라는 것을 믿어주오. 당신이 내게서 다시는 편지를 못 받는 일이 생기더라도 내 마음속으로 매일같이 당신에게 편지를 쓰고 있다는 것을 생각해주오….
>
> 나는 말 상대가 아무도 없기 때문에 내가 느낀 것을 모두 쓴다는 것은 나에게 퍽 위안이 된다.
>
> 사랑의 행위가 타락한 것은 그 행위를 하는 두 사람이

타락했기 때문이라고 생각한다. 그리고 만약에 내가 제럴드와 결혼하지 않았다면 나 역시 그러한 어리석은 반복의 감옥에 갇혀서 결국은 결합과 창조라는 최상의 행위로 설정된 것을 단지 육체적 기능으로만 끝냈을지도 모른다.

두 사람이 서로 맞닿는 순간의 아름다움이나 두려움에 대한 책임은 여자에게서보다 남자에게 더 있다. 여자가 절정에 달해 있을 때 그 행위가 서둘러서 그리고 이기적으로 수행된다면 여자는 모독을 당한 것이 된다. 그 여자는 낡은 질항아리처럼 취급당할지 모른다. 그러나 여자는 질항아리 이상의 것이다. 여자는 영혼이다.

결코 서두르지 않고 항상 친절하게 그는 나를 그의 연인으로 만들어 갔다. 지금 나에게 그는 없고 단지 이러한 추억만 남았을 뿐이다. 나는 추억에 사로잡혀서는 참을 수 없게 된다는 것을 알게 되었다…. 추억이 코드처럼 우리 사이에 남아 있을지라도 나는 그분과 떨어질 수는 없다. 지금 우리는 시간과 공간에서 헤어져 있다. 시간은 채워져야 하고 공간은 메워야 한다.

사람의 마음이란 한 가지를 생각하게 되면 왜 그렇게 많은 것들이 떠오르는지 이상하다.

그러나 나는 실상은 현실적으로 존재하고 있지 않는 그 세계를 떠날 수는 없고 또 그렇다고 내가 살아야만 될 이 세계로 들어갈 수도 없다. 여기 이 공간에 내가 존재하는 것이다….

배경이 1950년대 이야기이고, 중국과 미국인 사이에서 태어난 혼혈 남편을 둔 미국 여인의 회상입니다. 위태로운 전쟁 전의 날들을 북경에서 보냈고 또 위험한 상황을 피해 고국으로 아내를 피신시킨 까닭에 중국에 남아 있는 남편과 그를, 그의 편지를 애타게 기다리는 구도 속의 이야기입니다. 지금처럼 편지가 가능하지 않던 오래 전 사회, 역사 속의 한 이야기지요. 그런데도 사랑은, 편지는 시공을 초월합니다. 부부이면서도 떨어져 안타까이 그리는 닿지 않는 연인을 향한 구도입니다. 서로 禮를 잃지 않은, 끝내 연인으로 남은 부부의 슬픈 초상입니다. 세상 모든 결혼한 이들이 이들처럼 살아갈 수만 있다면 결혼에 더 이상의 비극은 없을 것입니다. 그러나 사랑을 담아내기에 결혼이라는 상자는 너무 좁고 딱딱하고 불편한 것입니다. 사랑의 그 광대한 속성에 비해서는.

佳山, 편선지 수를 늘리면 늘린 만큼 마음을 더 담을 수 있는 것인가요. 그렇지 않습니다. 언제나 넘치지도 모자라지도 않는 당신 모습을 보며 저는 그 절도를 보면서도 눈물을 흘립니다. 심지어 웃는 모습조차 쓸쓸할 터이니 사랑은 그 자체가 슬픔인가 봅니다. 지나치지도 부족하지도 않는 당신 손길을 닮으려 응축을 노력하나 많은 것이 다정의 표시인 양 부피만을 늘려 갑니다, 오늘은.

佳山,

제 말은 낡아만 가고 山의 말씀은 마침내 詩가 됩니다. 매번 은우 눈에서 물기를 자아내는 신비한 언어입니다. 눈물의 힘을 믿는 은우는 새롭게 발견되는 당신을 깊이깊이 사모합니다. 당신이 만든 '우리의 날을….'은 끝내 슬픔을 마무리합니다. 귀한 당신, 늘 염려 속에 있습니다.

언제나 함께인 은우 드립니다.

스물여섯 번째 편지

12월의 둘째 날입니다.

어쩌면 신호와 기호로서의 禮는 더 이상 마련되지 않을 1998년의 맨 마지막을 장식할 인사이겠지요.

시간은 어김없이 흘러 또 한 해를 채웁니다. 그렇게 해서 두 해, 그렇게 꼽으렵니다. 어렵다는 내 나라를 생각하면 배경은 칠흑입니다만 사랑하는 이를 떠올리면 그곳이 어떠해도 함께 몸담아야 할 터입니다. 멀리 있다고 해서 그 고통이 덜해지거나 피해지는 것은 아니어서 생각을 가만히 내 땅으로 가져가면 표현키 어려운 자책이 듭니다.

佳山, 분명 손꼽아서 이태째의 삶인데 어쩌면 이렇게 낯선지 모르겠습니다. 울지 않기로 약속한 날부터 혼자 많이도 걸었습니다. 그런데 낯익을 만도 한 거리인데 늘 쳇바퀴 도는 걸음인데 어찌 그리도 낯설던지요. 먼 여행길에 잠시 내린 간이역처럼 어디론가 향해 가던 중 잠깐 내려 바라보는 풍경 같기만 합니다. 분명 이곳에 거주지를 정해서 살고 있는데도 속해 있다는 느낌보다는 마치 여행자처럼 모든 것이 스치움에 머무르는 삶입니다. 하여 가끔은 실존을 생각합니다.

'내가 정말 존재하는가'이지요. 이즈음 들어 매달리는 명제이기에 거듭 말씀드리는지 모르겠습니다. 그러나 그런 의문에서 따스히 손잡아 일으켜 주는 이가 그분입니다.

그럼, 존재하고 말고, 멀지 않아, 여기 있잖아, 이렇게…. 하는 기호 속에서 나의 존재를 읽습니다. 세상에서 뚜렷한 흔적을 갖고 살고자 하는 自我는 그렇게 해서 자기를 인식하며 안도합니다. 그 어느 삼줄보다도 내 땅과 나를 이어주는 튼튼한 끈으로써의 아름다운 영혼이지요.

佳山, 준비해야 할 공백을 생각하면서 마음의 시간표를 역시 준비합니다. 두 사람 밖에 있는 사람들은 이 마음을 알까요. 언제나 떨어져 있으면서 따로 공백이라는 언어를 취하는 연유를 그들은 알까요. 세상에 존재하는 모든 가치 중에서 명예도 아니고 행복조차도 그 순서를 뒤로 물리칠 두 영혼은 아마 둘이 취한 최우선의 가치를 일단 유보한다는 것이 얼마나 마음 아픈 일인 것인가를 압니다. 그러나 닿겠지요. 그들이 둘의 열망을 저버리지만 않는다면 그들은 언제나 함께일 것입니다. 마음의 시간표, 그런 표현을 만들어 보면서 또한 마음의 시계라는 표현도 만들어 봅니다.

분명 이 시각에도 과학의 시곗 바늘은 돌고 있지만 따로 간직한 시간표와 시계 안에는 특별한 순간들만이 그 지점의 의미를 갖고 간직되어 있습니다.

지난 2월의 어느 날 아미가의 시계, 그로부터 시간이 흘러 지금까지 한 영혼을 충실히 지켜 준 아름다운 시간입니다. 모든 이들이 共有하는 이성의 시각이 아닌 특정한 사람이 나눈 약속의 시간이 낯선 땅에서의 막막함을 얼마나 위로하였는지 그 마음을 보여 드릴 수만 있다면….

존재하는가 아닌가, 이어져 있는가 아닌가, 속해 있는가 아닌가 심지어 세상에 없음까지도 이어지는 낯선 땅에서의 삶입니다. 훗날 어떻게 기록되어질 시간인지 아무도 모르는 부여됨이지만 은우는 그것을 여행이라 볼 수도 없고 휴식이라 볼 수도 없고 노동일 수도 없는 오직 한 영혼이 증명해 주고 있는 한 인간일 뿐입니다. 아무것도 할 수 없는 곳에서 오직 슬프지 않으려고 발자국을 남깁니다. 거리 이름도 모르는 그 거리와 골목들에.

佳山, 어느 해 드린 인사처럼 짧지만 그득한 글을 드리고 싶은데 마음은 또 다른 말들을 이어냅니다. 거듭거듭 하여도 늘 반복하게 되는 그 마음 아시지요.

다만 한 해를 매듭하는 길목에서 또다시 머뭇머뭇 헤어짐의 인사를 못하고 서로의 영혼의 집을 왕복할 따름입니다. 한 사람이 데려다주면 다시 또 돌아서는 이로 하여 다시 그 집 앞에 또다시 돌아서서 채 헤어지지 못해 다시 또 그 집 앞, 그렇게 밤새 그 길을 오간 연인들처럼 안타까운 심정으로 문장을 매듭짓지 못하고 있습니다.

하늘과 지상 중간쯤, 층이 하나 더 있다면 그곳에 다리를 놓아 뵙게 되기를 희망합니다.

은우는 山에게 더 이상의 무엇을 원치 않습니다. 명예도, 영광도 그 무엇도 아닌 그저 한 염려, 언제나 건강이 염려될 뿐이지요.

모든 문안의 禮로써의 그것이 아닌 유일한 염려로써의 건강의 平安 그것입니다.

언제 어느 곳에 계시든 雨의 염려를 떠올려 주십시요. 護身符도 상기해 주십시오.

다시 뵙는 날까지 은우 그곳에 있겠습니다.

1999년 - 첫 번째 편지

佳山, 오랜만입니다. 실로 오랜만에 대하는 편선지이고 그 펜을 들어 시작하는 마음은 초심처럼 떨리는 마음입니다. 비유하자면 처음이지요. 다시 처음으로 돌아가 그 마음으로 한 해를 시작하렵니다.

오늘이 마침 음으로 정월 보름이라, 저녁이면 만월이 뜨겠지요. 나아가 그 달을 보면서 하고픈 그 말을 적어 내려야 할 터인데 과연 드러내어 말을 할 수 있으려는지 모르겠습니다. 어쩌면 차마 할 수 없어 달님께만 가만히 그것도 속으로나 말씀드릴 수 있으려는지 그 모두가 가까운 장차의 일이옵니다.

어딘가에서 곱게 배접되어진 편선지 몇 장을 찾았습니다. 지면을 고르고 싶은 은우 마음을 헤아렸던가, 어느 노트 갈피에 가만히 뉘였더랍니다. 마치 어린아이 배냇저고리처럼 누르게 바랜 색깔이 마치 젖내를 품고 있는 듯도 보여 그것으로 처음을 삼았습니다. 저고리 앞섶에 고이고이 접었던 그 마음을 펼치기에는 알맞는 자리일 것이라 생각되옵니다.

이제는 만남과 헤어짐이 익숙도 하련만 매번 안타깝기만 합니다. 이런 인연으로 맺어져 어찌 먼 이별을 감당할 수 있을까 늘 그 먼 날을 예비합니다만, 말씀대로 한 순간 살다 가는 것이니 이 모든 것이 모든 과정을 예비하는 것이리라 마음을 모둡니다. 이렇게 만나고 다시 만나고 할 수만 있다면 天涯를 끊는 이별이라 한들 다시 만날 수 있는 날로 예비할 수 있을까를 감히 상상해 봅니다.

기억나시는지요. 삶에 있어 절대로 그 초심을 잃고 싶지 않는 것이 은우의 마음이라는 말을 상기하여 주십시오. 그런데 당신이 계셔서 은우는 매번 떨리는 마음으로 하루를 열고 닫습니다.

삶의 모든 운행이 어떨 수 없이 습관이 되는 인간의 삶 속에서 오직 한 가지 놓을 수 없는 끈이 있어 그 끈만 생각하면 언세나 숙연하고 마음이 모아지고 절로 기원의 마음이 되는 이것을 뭐라 이름 지을 수 있을까요.

놓여진 책무를 다하면서도 한 옆으로 靜한 마음이 되는 이 모양을 뭐라 이를 수 있을까요. 또한 精한 마음이 되는…. 그 거리가 하도 멀고 그 손길이 하도 넓어 소리 나는 안부에는 소리를 내어 웃기도 하지만 그것은 정녕 웃음소리만이 아님을 그대는 아실 것이옵니다. 다만 건강히 계시옵소서.

佳山, 뜻밖에 친구 분 환후에 접하고 계시니 많은 상념이 스치우시겠지요. 당신의 정성이 눈에 보이는 듯하오나 지나친 상념은 해로우니 모든 생각은 뒤로하고 오로지 신체의 간호에만 마음을 기울여 주시길 당부드립니다. 은우는 가끔씩 연세를 떠올리면 그 즉시 마음을 다치곤 합니다. 그 마음 읽으시고 다른 생각들은 후일로 미루어 주십시오.

佳山, 한 순간을 사는 것이 삶이라지만 그 한 순간이라 함이 또한 너무도 긴 세월이라 누구도 기다림의 사슬을 벗어나지 못하는 것인가 봅니다. 기다려야겠지요. 삶의 운행이니까요.

기다림을 기다리기에 가장 적합한 책을 꼽으라면 당연히 저는 최명희님의 〈혼불〉을 늘 꼽습니다. 주위에 어려움을 당한 친구나 친지들에게 수없이 꼽은 책입니다. 저는 수년 전 읽었지만 근자에 다시 펼쳤습니다. 전 10권으로 되어 있어 시간이 소요되는데 다시 6권까지를 읽었습니다.

얼마나 슬프고 아름다운 이야기이던지요. 올 한 해를 기다림으로 시작하여 기다림을 살아야 하는 자세를 연상해서였을까요. 다시 보아도 애달프고 쓰라린 작품입니다.

"얼마 가지 않아 수가 차면 이윽고 가장 길었던 어둠을 가장 짧게 만드는 날에 이르게 되리라. 그런 날을 보자면 어둠을 지그시 참을 줄도 알아야 하고 다가오는 광영을 기다릴 줄도 알아야 한다. 기다릴 줄은 모르면서 오직 참기만 한다면 터지기 쉬울 것이요 또 참기는 하지만 기다리는 것이 없다면 그 합벽을 하게 암담한 나날을 어찌 이길 수 있겠느냐. 우주 천리가 이럴진대 한 나라의 운명이나 사람의 일생도 이에서 다를 것이 없을 게다."

佳山, 함께 가야 할 길입니다. 하여 기다림을 이야기하였습니다. 비록 글은 쓰고 있으나 언제나 제 마음을 저 스스로 다독이는 그 과정이기도 합니다.

"갈 수 없는 먼 곳에 보이지 않게 있는 것을 간절히 부르는 '소리'이기도 한 것입니다. 그렇게 부르고 화답하다 보면 그 산에 어느 골짜기에서 그 소리는 만나지겠지요.

도솔천, 미륵의 淨土라 하는 곳은 땅 위에서 삼십삼만 由旬, 천삼백이십만 里를 지나야만 당도하는 그곳이라고 합니다. 그 도솔천은 참으로 높이 수행한 영혼들만이 가는 곳으로서 가여운 중생들을 제도하는…. 그 欲界 四天에서는 손조차 놓아 버리어 오직 미소만으로도 합일하여 향기 가득한 곳이라고 합니다.

어인 일인지 오늘은 그 첫 인사를 도솔천 이야기로 맺습니다. 비유가 너무 커서 저어되는 바이나 지금 우리의 거리와 마음이 그와 같습니다. 얼마나 귀한 사이이옵니까.

은우 보름날, 간절한 마음이 되어 인사드렸습니다. 안녕히.

다섯 번째 편지

佳山, 은우예요.

금요일 오후를 접으며 오늘 소식을 놓치면 또 며칠을 기다리셔야 할 山을 생각하며 급히 지면을 펼칩니다. 자연의 빛깔이 점점 현란해지면서 그만큼, 아니 그에 반비례하여 칠흑이 되어가는 내면입니다. 어디에 마음을 주어야 할지 몰라 우정 시끄러이 소요하여 봅니다만 공허하기는 더할 뿐입니다. 제 그 먼 거리를 살면서 이즈음처럼 직설을 이어가던 적이 있었던가 그 지난 시간을 더듬어 봅니다. 진정 민망할 따름입니다. 그러나 그러한 현재를 덮고 다른 말로써 미문을 만들 수 없음입니다. 어느 경우에도 사실 위에서 정직하고자 하는 은우를 기억하시지요. 마음을 자꾸 작품 쪽으로 쏟으며 스러지는 마음을 일으킵니다.

언니가 떠난 후 의외로 잘 견디는가 싶더니 그 복되었던 시간만큼의 충격이 제 고여 있는 슬픔 위에 덧씌워져 아마도 마음의 상처가 덧난 것인가 여겼습니다. 이러한 雨의 심정을 들여다보며 山을 건너다봅니다. 유난히 밝은 음성, 바쁜 일정 모두가 은우처럼 고여 있는 슬픔을 가누지 못한 행보는 아닌 가 유추해 봅니다. 언제나 비슷하게 물드는 서로의 정서를 돌아보면서 그렇게 물들고 있음을 짐작하는 것이지요. 이십여 년을 넘는 세월 중에 아마도 처음으로 순간이지만 잠시라도 그만 원망을 하였더이다. '山은 그리 의연할 수 있더이까.'라고 말입니다. 그런데 그 며칠이 지나지 않아 제 마음을 다시 스스로 불러들입니다. 세월이 거리가 '너'를 그렇게 미욱하게 하더냐며 스스로를 꾸짖는 것입니다. 어떠하여도 네 진정 山의 정성을 모른다면 그것은 길이 아닐 것이라 크게 꾸짖습니다.

佳山, 언젠가 만날 수 있는 선상이지만 또 언젠가는 반드시 헤어져야 할 선상이기도 하지요. 굳게굳게 다져 어떠한 미혹에서도 견뎌야 할 삶의 행로입니다. 그런데 이토록 시험에 들곤 하니 아직도 다져 나가야 할 심정의 텃밭이 넓기만 한 것 같습니다. 분명 허여된 시간이 있을 터, 자연의 한 요소처럼 그렇게 의연히 피고 질 수는 없는 것일까요.

마주 보이는 담장 위로 담쟁이가 다시 푸르게 소생합니다. 검은빛에서 갈색으로 다시 연초록에서 암록색으로 그 순서를 지나 짙어가는 것입니다. 그 안에 담긴 질서를 보면서 언제나 차분히 질서를, 순서를 기다리던 은우이지요. 마치 분신으로 느낄 만큼 친화적인 식물입니다. 雨 만일 꽃으로 나무로 놓여진다면 반드시 그것은 담쟁이일 것이라 스스로 칭하며 살아오길 수년, 그의 변화와 열정 그렇지만 차분히 다문다문 놓여진 자리를 메우는 그의 식생을 얼마나 사랑하는지 모릅니다. 오늘 짧은 시간 속에서 급히 서두르는 그림쟁이의 드로잉처럼 그저 화폭에 선 몇 개를 그어 마음의 자취를 남기고자 합니다. 이제 오후 여섯 시 반을 넘기는 시각입니다. 마치 마감 시간에 넘기는 원고처럼 쫓기며 마음을 담았습니다. 무엇을 그렸는지 서술하였는지 기억할 수 없는 메움이 되었습니다만 접으려는 인사에 앞서 정신을•차리고 진정한 마디를 긋습니다. 다만 그 기다림의 하루를 끊어드리고자 은우 최선을 다합니다마는 그 言誓만큼은 진정에서 서술합니다.

佳山, 은우 허물어진 모습을 한 번만 지나쳐 주십시오.

열세 번째 편지

佳山, 마른 저수지 바닥에 배를 대고 마지막 남은 수분으로 수명을 잇는 이름 모를 고기가 되어 있습니다. 외연의 환경보다는 내면의 정서가 메말라 스스로 부족한 물기로 하여 애타는 심정입니다. 이 역시 까닭이 있겠지요. 그러나 보다 더한 어려움 속에 있는 이들도 있는데 아무것도 하지 않고 허다히 놓여 있는 시공 속에서 無爲하고 있는 자신이 부끄럽습니다.

道家들의 무위와는 다른 아무것도 하는 것 없이 놓여진 공간 속의 한 石物이 되어 가고 있는 느낌이지요. 오늘도 그런 느낌 속에서 그래도 당신을 향한 마음 안에서는 무엇이고 건져 올릴 수 있는 힘이 남아 있는 가를 시험하려 금장 펜을 들었습니다.

은우 힘이 아니고 山의 마음으로 하여 백지를 메워 무언가를 적어 내립니다. 사랑을 하는 것이 중요한 것이 아니고 그 사랑을 어떻게 표현하느냐가 정작으로 더 중요한 것이라 하는데 이즈음의 표현이 그리도 힘이 듭니다. 어찌하여 이리도 메마른 꺼풀이 되어 가는지 이제야 무엇을 정리할 수 있는 외연을 갖추었는데…. 삶의 허여가 이만큼뿐인가 합니다.

佳山, 당신의 염려와 기도 아래 그동안 살아진 게 틀림없더이다. 은우의 흔들림은 지난 두어 달, 당신의 우환과 더불어 함께 시작되었으니까요. 바빠진 행보와 집안의 우환이 겹쳐 함께 할 수 없던 시간 속에서 은우는 알 수 없는 불안을 보아 내었던 것입니다. 사랑은 그 어떤 경우에도 믿을 수 있는 보루인데 말입니다.

佳山, 그래도 행간까지를 읽어 은우를 염려해주는 사려에 고개를 떨굽니다. 내 앞의 행보보다는 더 넓은 시야 속에서 사고하시는 모습을 봅니다. 진정으로 우리의 주위가 어렵다는 것을 체감하는 나날입니다. 크게 둘레를 보아도 작게 원을 그려도 도저히 피해 갈 수 없는 그늘의 공존입니다. 은우 먼 곳에 격리되어 있으면서 오히려 아무것도 할 수 없음에 민망할 따름입니다. 유성처럼 홀로 떨어져 있는 은우 염려 주셨지만 이만한 격리는 오히려 지금으로서는 사치일 것입니다. 훗날 어떤 배역이 따라올지 모르는 현재이오나 내가 이곳에서 당신을, 가족을, 친지를, 사회를, 국가를 위할 수 있는 일은 아무것도 없습니다. 오직 한 사람의 뒷바라지를 하는 일로써 제 소임을 겨우 하고 있을 따름입니다.

佳山, 그러나 이상한 일이지요. 주위 여건이 좁혀지고 핍진해질수록 염려되는 건 당신의 안녕입니다. 내게 다가오는 그림자는 내 스스로 질 수 있다는 각오인 듯합니다. 그래서 오히려 초연한 것인지 거듭 山의 염려로 마음이 쓰입니다. 음성 하나하나에, 필체 한 문구마다에 그리고 말해지지 않는, 말씀하지 못하는 것은 무엇인지 그러한 염려입니다. 거듭거듭 은우의 주변을 염려해주시는 모습인데 은우는 자꾸 되묻습니다. 괜찮으신지요? 잘 지내셔야 해요. 사랑의 길이란 진정으로 염려 외엔 달리 길이 없음을 봅니다.

메마른 마음으로 다만 기다림을 위해 은우 인사드립니다.

열다섯 번째 편지

佳山, 오늘은 어떤 언어를 통하여 山에 닿을지 모르겠습니다. 허리 통증을 안고 무조건 책상에 앉았기 때문이지요. 이 통증이 하루, 이틀에 나을 것 같지 않기에 멀어지는 산 그림자가 안타까워 펜을 듭니다.

은우가 힘들까 놀랄까 염려할까 무엇인지 가리고 계시는 듯한 느낌이 스친 지 한 달여를 넘기는 듯싶습니다. 외견으로 늘처럼 보여 주시는 정성과 위로는 여전한데 이 알 수 없는 느낌이 무엇인지 모르겠습니다. 멀리 떨어져 있는 사람들은 때때로 알 수 없는 기미에 놀라 수척해지곤 한다는 말을 언젠가 했던 기억입니다. 이제야, 이제야 무엇인가를 할 수 있을 것 같았는데 환경이 갖춰지고 나니 본질이 흔들리는 것을 느낍니다. 지축의 흔들림 같은 정서입니다. 염려 주시는 것처럼 회사의 어려움은 진정 지나칠 수 없는 본질이지요. 이러저러한 변화 속에서 은우 자신도 모르게 느끼는 불안이라고 애써 위로를 삼습니다. 그렇게나 긴 시간을 애써 살고 계시는 山에게 마음의 부담을 떠넘기려는 치기가 아닌가도 홀로 묻습니다.

佳山, 그 어떤 길이라도 정해진다면 가야겠지요. 한 개인이 어떤 대세를 역으로 흐를 수는 없는 것이겠지요. 세상의 흐름을 읽을 수 있는 그 어떠한 자료도 갖고 있지 못하는 은우로서는 '나도 모르는 사이에' 정해지고 있는 밖의 사정에서 일단의 허무를 읽습니다. 외지에 나와 사는 삶 속에서 느끼는 애국이라는 느낌, 사랑이라는 느낌 그 극단의 두 정서만을 읽고 살아온 은우에게는 진정 삶에는 '자기도 모르게 정해지는 삶'이 있는 것이구나를 실감합니다. 이제껏은 운이 좋았던 것 같습니다. 가슴을 치고 속수무책 당하는 느낌을 가졌던 때는 없었으니까요.

佳山, 문득 山의 수령을 생각했습니다. 나무가 아니니 비유가 부적당하온데 그저 그 세월을 떠올려보아 주십시오. 그 세월 동안 진정으로 많은 사연을 겪으셨으리라 그저 관념이 아닌 심정으로 더듬어 보고자 떠올립니다. 한 사람 속에 담긴 인생 역정은 실로 엄청난 부피일 것이구나 어림해 봅니다. 단편적으로 몇 년에 전쟁을 만났고 또 몇 년에 대학생활 또 직장생활 그렇게 몇 십 년 그렇게 수로써 나타내질 때의 정의와는 천양지차를 느낍니다. 어찌 그 긴 세월을 그리도 '아름다이' 살아내셨는지요. "그게 다는 아니지." "다 못한 이야기는 많아, 은우." 하고 어깨너머에서 낮게 말씀하시는 당신을 느낍니다.

佳山, 은우로 하여 염려가 하나 늘어난 느낌이어 민망하고 송구스럽습니다. 그러나 이제껏처럼 믿어 주셔야 합니다. 그 믿음으로 삶의 자세를 가다듬는 은우입니다. 실제 격지에서 홀로 떨어져 살며 많은 내성을 키운 듯 느낍니다. 그 내성이 실생활에서 힘이 될 수 있도록 따스히 바라보아 주시면 되는 것이지요. 지난주 길을 걷다 눈에 띄어 준비했습니다. 몸이 불편하다 미루면 뜻을 잃을까 급히 꾸립니다. 찬바람 시작되면 가까이 하여 주십시오. 마음 흐려진 은우 부끄러이 인사드렸습니다.

음으로 칠월 열엿새입니다. 안녕히.

열여섯 번째 편지

佳山, 어제 목요일, 그 일이 있었지요.

"나 이제 당신에게 닿지 못할 것이오. 그 먼 거리 사이에서는 무슨 일도 있을 수 있기에 예서 멈추는 바이오. 혹여 길이 어긋나 닿지 못한다면 빈집에 당도하는 것도 힘들 것이고…."

그렇게 말씀하시는 당신 말씀에 "네." 그렇게 답하였지만 순간 앞이 깜깜하여지더이다. 팽팽하게 맞잡던 실끈이 '툭' 끊어지는 듯 마음 안에 모든 기운이 긴장을 잃었더이다. 분명 이성적으로 답을 하였으나 심정의 기운은 그것을 마치 단절의 신호인 양 준엄한 슈인 양 그렇게 들었던가 봅니다. 침착히 수화기를 내려놓았사오나 물기까지는 제 어쩔 수 없어 한동안 망연히 창밖을 보며 말없이 흐르는 '비수와'를 바라보았습니다.

참 이상한 일이지요. 이제껏도 살았는데 그리고 이제 얼마 있지 않으면 뵐 수 있음인데 왜 그리도 처연한 심정이 되던지요. 몸이 아파서 마음까지 내려앉은 터라 그랬을까요. 좀시 기운을 불러 앉히지 못하는 즈음입니다. 하여 모든 게 중첩되는 것이었나 봅니다. 웬만한 일에 그리고 타인의 아픔에 언제나 선봉장처럼 나서서 위무해주던 은우는 항시 자기의 아픔 앞에선 속수무책 그랬습니다. 그래서 늘 외로움 속에 그리움 속을 살았는지 모릅니다. 내 안의 그리움을, 외로움을, 상처를 누구보다 여린 속살을 위무해 줄 '단 한 사람'이 없는 것일까. 끝내 만나지 못할 것인가. 물론 '마리아, 권오분'은 이날까지 나를 지키지만 그 역시 힘든 사람이어 그를 지키는 날이 더 많았을지도 모릅니다. 차마 아픈 그에게 나마저 짐이 될 수 없던 수많은 나날들입니다. 그렇게 망연한 마음으로 간신히 마음을 추스르고 오늘, 금요일 책임을 살았습니다. 한국 친구 집을 방문하고 돌아와 집세를 받으러 온 주인을 만나고 그렇게 지나는 가운데 열어 본 우체함.

어제 수화기를 놓은 순간 마치 세상을 포기하는 심정이 스치던 그때가 눈앞에 떠오르더군요. 부족한 사람, 은우. 너! 그렇게 자신을 꾸짖었습니다. 아직도 은우를 향해 걸어오고 있던 그 '수고로움'을 미리 체념할 뻔하였습니다. 마치 어제의 別辭를 예견하신 듯, 매듭 매듭에서 은우를 위로하고 쓸어주시는 당신입니다.

佳山.

한동안 잊고 살던 인사가 있습니다. 고맙습니다 그리고 미안합니다. 오늘 그것을 늦게서야 상기합니다. 삶의 일정에 쫓겨 너무도 오랜 시간 현실 안에 머무르면서 꿈의 세계 속에서 지닌 禮를 잊었던가 봅니다. 만나기로 예정되었던 지난 삼월 두 언니를 山 대신 맞으며 온 마음으로 그들을 향했더랬습니다. 그리고는 마치 山에게 최선을 다한 양 득의만면이었습니다. 최선을 한 이는 울지 않는 거라고 언니를 그리고 저 자신을 위로하고 그 간절했던 시기를 넘겼습니다. 그 후 아이의 긴박했던 국가고사 뒷바라지, 연이은 터 옮김, 아이와의 작별, 아직도 남은 아이 입학 일정과 어려운 시험 준비 그리고 복병으로 만나게 된 회사의 좌초, 모든 일은 겹치는 것이라 하더이다. 특히 악재의 경우에서는. 과연 내리막길만 있을까요. 아닙니다. 오늘 다시 당신을 만나 은우 다시금 꿈의 기운을 입습니다. 진정 신비한 일입니다. 머릿속에 난마처럼 엉킨 많은 염려들이 순식간에 자기 자리를 찾으며 정돈됩니다. 그리고 침착해지는 은우를 봅니다. '사랑의 힘'은 그러한 염력을 주기도 합니다. 비밀한 기쁨을 가만히 띠리 그 기운에 닿이 봅니다. 맨 처음 약속처럼 기호와 신호를 가지고 만나게 되는 두 사람의 독특한 해후를 바라보면서 가만히 그 분의 건강을 빌게 되더이다. 십 년, 이십 년 그렇게…. 너무나한 욕심을 숨기면서 그만큼만 기원하였습니다.

佳山, 늘상 의젓한 은우라 칭찬하셨지만 결국은 요만한 그

릇입니다. 당신께 어여삐 보이려 죽을힘을 하는 것인가 싶더이다. 당신이 찾은 시 '偶見'은 진정 깊은 뜻을 담고 있습니다. 山을 만나 산을 매개로 하여 만나게 되는 배경 모두가 한결같이 깊고 크고 넓은 뜻을 담고 있어 은우를 한없이 한없이 묵상하게 하고 있습니다. 결코 가벼이 되어서는 바라볼 수 없는 不動의 산山을 한껏 품어봅니다. 바라봅니다.

"오직 雨만이 적실 수 있고 그 색깔을 내게 할 수 있는 유일한 존재이리다. 절대로 빛이 흐려지지도 산세가 약해지지도 그리고 무너지지도 않을" 山을 보면서 태산의 힘을 얻은 듯 보배롭습니다. 새삼스러이 값하는 은우를 꾸짖어 주십시오.

佳山, 기약 없을 때는 그리도 가깝더니 손에 잡힐 듯한 기약을 두고는 마치 영겁의 거리를 느끼는 은우입니다. 역설이고 반어겠지요. 또 책임 아래서의 해후일 것이어서 느끼는 한시성의 만남이라 느끼는 안타까움이어서일 것입니다.

佳山, 어제 그 가난한 마음을 어찌하든 일으켜 세우려 온 밤을 새우며 지난 일 년의 수신을 기계로 저장하였습니다. 은우 작품을 위한 일이기도 하며 동시에 스러지는 스스로를 일으켜 세우기 위하여 그리 하였습니다.

마치 심포니의 흐름처럼 약. 강. 약. 약. 강. 반전. 강. 약. 강으로 흐르는 흐름을 보았습니다. 때로 시인이기도 한 당신은 때로 작곡을 하는 음악가이기도 하였습니다.

佳山, 다시 인사드려요. 미안합니다. 그리고 고맙습니다.

은우가 원하는 모습으로 손길로 음성으로 字型으로 오는 당신, 神께서 은우를 사랑하고 계신 증명처럼 오시는 당신입니다. 어제 맺음하는 모습까지를 포함하여 그 모두는 은우가 원하는 형식이었습니다. 그러함에서 오는 슬픔, 아픔은 의당 은우 몫이어야 할 것입니다. 그마저 아파하지는 말아 주십시오. 하마 스러져 울고 있을 은우 향해 채 하루도 지나지 않아 찾아 주시기도 하였습니다.

佳山, 맺음을 들으며 그 순간 은우도 당신께 갈 수 없는 것처럼 고개를 떨구었더랬지요. 순간 지축이 흔들리는 영향이었습니다. 은우는 당신께 여전히 닿을 수 있는데 말입니다. 원근, 비밀한 기쁨, 享有, 不動의 山, 微動 그리고 유일이라는 기호를 다시 읽으며 山과 雨의 주일을 닫습니다. 일전의 속도라면 금요일쯤 뵙겠습니다. 늦어도 다음 월요일에는 뵙게 되겠지요.

佳山, 은우 건강 잘 돌보겠습니다.

다시 빛 도는 날, 그날 은우가 썼습니다.

4부

(1990 ~ 1995)

담쟁이 미학

덩굴 식물에 집착하기 오랜 세월, 그것에 대한 애착은 병적일 만큼인데, 그중 으뜸으로 '담쟁이덩굴'을 떠올린다. 그러나 삶에 있어 향념이 있다고 무슨 일이든 이루고 살 수는 없는 법, 그저 길을 지나다 이름난 곳을 여행하다 눈에 띄면 그것으로 기쁨을 대신할 뿐이다. 또한 옹색하나마 거실 베란다에 덩굴류 화분 몇 개로 대신할 밖이다.

담쟁이, 담쟁이덩굴은 포도과의 낙엽 · 활엽 덩굴나무로 바위 밑 숲 속에 나는데 부착근으로 수목 등에 기어오르는 특질을 가졌고, 초여름에 담녹색 꽃이 피고 가을에 흑자색 열매를 맺는다. 어딘가로 뻗어가는 힘은 가지나 잎이 변형되어 여러 가닥 실 같은 모양의 덩굴손이 있어 붙어서 올라가는 특질을 지닌다. 덩굴손에는 흡사 빨판과 같은 흡착반이 있어 어디든

오를 수 있고 어디든지 갈 수가 있다. 그 모양이 영락없는 낮은 포복 자세로 가까이 들여다보면 붉은 실핏줄이 드러난다.

웬일인지 모른다. 그렇게나 덩굴식물에 애착하는 마음의 근원을. 하여튼 그렇게 뻗어가는 모습을 보면 우선은 발길을 멈추게 되고, 한참을 완상하노라면 일체감을 느끼게 되어 몰아의 경지에 이르게 된다. 그때는 누군가가 갈 길을 재촉해야만 그곳을 떠날 수가 있다.

덩굴식물 중에는 남에게 기대서 사는 종류로 청미래덩굴, 일명 망개나무가 있고 다른 줄기를 감아 올라가는 식물로 나팔꽃, 등나무, 칡넝쿨이 있다. 담쟁이는 모양에 있어 이들과 같은 덩굴식물인데 혼자서는 설 수 없지만 기대는 것도 아니요, 무엇을 몸체가 감아 올라가는 것도 아니고 그 무엇에도 피해를 주지 않으면서 자신의 지평을 열어가는 모습이 다른 덩굴식물과 다르다 볼 수 있겠다.

또한 연약한 줄기를 가지고 볕을 찾아 가려니까 줄기를 뻗어 남들에게 버려진 곳을 마다않고 양지에 몸을 펼쳐 자리를 잡고 생명을 다하는 것이다. 일반적으로 나무의 특질은 조건 좋은 곳을 찾아 뿌리를 내린 후 가지를 옆으로 뻗어 일단 자기 자리를 넓게 차지하고 난 다음에 가지를 위로 뻗는데 비하여 담쟁이는 척박한 땅에 뿌리를 내리는 속성을 지닌다.

같은 덩굴식물이라도 조금씩 그 식생이 다른데 그중에도 유독 담쟁이와 대조를 이루는 식물로 '새삼'이라는 이름의 그것이 있다. 새삼은 씨가 떨어지면 땅에서 발아한 다음 기생할 식물을 찾아 왔다갔다 헤맨다. 그러다 녹색식물이 닿기만 하면 빨판을 흡착시켜 그 식물의 즙을 빨아먹고 산다. 그리고 일단 줄기가 붙으면 뿌리가 퇴화되고 공중에 떠버린다. 자기에게 몸을 빌려 준 숙주식물 위에 기생하면서 주인 행세를 하며 온갖 부귀영화를 누리고 살다 수많은 씨로써 자손을 퍼뜨린다. 그 후 가을에 서리가 오면 죽는다. 다년생 담쟁이의 식생과는 다르게 새삼은 일년초라고 하니 식물의 세계에도 공평함이 있는 것인지….

사람들이 흔히 무엇을 좋아한다고 할 때는 그 대상에 자기의 마음이 투사되어 얻어낸 하나의 공명의 결과일 것이다. 미학의 관점에서 누군가 재미있는 비유를 한 것이 생각난다. 자기가 무엇을 좋아하는가를 알려면 그중에 무엇을 가지겠는가를 혼자 물어서 그때 자기의 선택을 살피면 그것이 자기도 모르고 있던 기호일 수 있다는 이야기다. 그런 면에서 보아도 담쟁이는 나와 이야기를 나눌 수 있는 유일한 친구일 지도 모른다. 그렇지 않고서는 그 모습이 마치 소곤소곤 귀엣말을 나누는 형상으로 비칠 리도 없겠고 나 역시 홀로 그 앞에서 뭔가 중얼거리게 되지는 않았으리라.

도시에서도 주택가를 걷다 보면 간간이 담벽을 타고 뻗어가는 담쟁이를 볼 수 있다. 그리고 도심에 자리한 고궁 뜰녘, 고목 위를 감아오르는 모습과 고풍스런 담벽을 곱게 둘러싸는 모양을 볼 수 있다. 그런가 하면 시골 마을 드문드문 보이는 초가집 돌담 위에서도 여전히 고운 모습을 보인다. 또한 산사 입구 울창한 숲 속 계곡물이 흐르고 있는 한 옆, 절벽을 뒤덮은 덩굴은 물과 어우러져 절경을 보이기도 한다.

그것은 또 어디에 놓여도 어디에서 보아도 그 미감이 다르지 않다. 나무나 벽에 붙어 오를 때 특히 모든 형태의 벽을 오를 때 보여주는 미관은 아름다움의 정점을 이룬다. 자신의 보행이 어떠한 흔적을 남기는 줄도 모르고 가는 그의 행보는 얼마나 순수하던가. 벽면을 그저 일자로 다문다문 덮는 것도 아니고 그렇다고 어떤 규칙을 보이듯 기교적이지도 않는 그러나 결과적으로는 마치 화가가 어떤 이미지를 그리듯 담벽에 하나의 조형미를 연출하는 것이다.

담쟁이의 아름다움 하나를 더 말하라면 무엇보다 가을날 보여주는 단풍의 멋에 있을 것이다. 대표적 단풍나무로 붉은색을 토할 수 있다는 점과 드물게 일찍 물들면서 곱게 물드는 모양이 하나의 이채일 것이고 자색 비로드 양감에서 옅은 노랑빛까지 보여주는 붉은빛의 오묘한 변화까지를 느껴볼 수 있다.

혼자서는 설 수 없는 특질로 하여 연민을 느끼게 하는 담쟁이. 그리고 하늘을 향해 높이 자라지 못하고 무엇에 붙어서 생장하는 모습이 차라리 눈물겹다. 다년생 삶을 다하는 날까지 높은 가지를 찾아 감아오르는 너의 노력에, 녹엽 · 황록색 꽃을 보인 다음 마지막까지 그 열매로써 새 먹이가 되어주는 너의 생육에, 어떠한 담이라도 그곳에 뿌리를 내려 서두르지 않고 점점이 너의 지평을 열어가는 그 모습에 경의를 표한다.

너를 생각함에 있어 오직 한곳을 택해 자리를 잡고 하늘 우러러 의연한 모습을 보이는 대나무와 유독 대비를 느끼게 된다. 그러나 나는 대나무의 꼿꼿함과 외로움보다는 끝내 누군가에 이웃하는 너의 덕목에 우선하여 네 곁에 머무르고 싶다.

서울 찬가

마흔을 바라보는 내가 떠올리는 서울은 아직도 유혹적이다. 굳이 '아직도'라고 하는 이유는 늘, 언제나 그랬다는 이야기가 된다. 딱히 그 유혹의 실체가 무엇인지도 모른 채 이 나이에 이르렀다.

서울, 도대체 그곳에 무엇이 있길래 전심으로 매달리는지 알 수가 없다. 다만 이 도시에서 자란 나도 때로 길을 잃어버린 적이 있다 보니 이 도시 어딘가에 신기루 같은 것이 있지 않을까 짐작을 해볼 뿐이다. 도시는 환상일지도 모른다. 그 환상에 빠져 얼마나 많은 사람들이 길을 잃고 헤매었겠는가를 생각한 때도 있었다. 그러나 다른 사람들에게 생각이 머무르다가도 또다시 물음을 던지고 길을 나서게 된다. 나는 지금 어디에 당도했는가.

그 물음에 접할 때마다 나는 고통스럽다. 끊임없이 재촉하는 것에 밀려서라도 나는 어딘가로 향해야 한다. 슬픔과 기쁨 그리고 가난과 영화가 동시에 있는 서울, 그 속에 숱하게 놓여진 길들을 지나 이르는 곳은 그중 하나가 아닐까. 지도 속에 축도되어진 수만 갈래의 길을 보면서 문득 프로스트의 '길'이 떠오른다.

어차피 삶은 길을 선택하는 일이다. 프로스트의 길대로라면 길은 양 갈래 뿐이다. 그러나 서울은 우리에게 너무 많은 길을 보여준다. 이 도시가 갖는 풍요와 빈곤 속에서 우리는 갈등할 수밖에 없지만 누구에게나 선택의 여지를 주니 자유롭다고 할 수 있다. 나는 그 자유가 좋다. 하다못해 도시는 소음까지도 엄청나다. 그러나 어느 하루, 문이란 문을 모두 채우면 좁은 방안에서의 적막은 더욱 적막할 수 있다. 그렇게 서울의 상대적 크기와 깊이를 주는 서울의 반영을 나는 사랑한다. 아니 사랑할 수밖에 없다. 서울은 내 고향이다.

누구에게나 그렇듯이 고향은 턱없이 그립고, 사건과 사고로 이어지는 어두운 현실에도 불구하고 서울을 노래할 수밖에 없는 것이다. 오래전 김소운 선생도 조국에 대한 사랑을 내 어머니가 문둥이더라도 클레오파트라와 바꾸지 않겠다는 비유로 말하지 않았던가.

고향이 서울이라 해서 남들과 다를 바는 없다. 오래도록 떠난 적이 없어 턱없이 그리운 적이 없을 뿐, 고향이 주는 이미지는 다르지 않다. 서울은 타관인 사람들에게 언제나 낯설다고 한다. 그러나 나는 서울을 벗어나면 불안해지고 '여기는 서울입니다'라는 표지판을 대하면 그렇게 편안할 수가 없다. 함께 여행에서 돌아오더라도 고향을 두고 오는 이들이 찌푸린 얼굴로 마지못해 귀경하는 모습과는 대조를 보이게 된다. 뭔가 시혜가 있었던 것도 아닌데 익숙하다는 건 그만큼이나 좋은 것인가 보다. 때로 이 도시가 감옥으로 비교될 때도 나는 그 해석을 달리한다.

감옥이 상징하는 장애와 불편은 상상만으로도 끔찍하다. 그러나 한편, 그것으로 인하여 사색을 낳을 수만 있다면 감옥인들 어떠랴. 하긴 감옥에 대한 이미지를 사색으로 잡을 수 있는 힘도 서울이 내게 준 교훈일 수 있다. 감옥이라고 하면 죄수 그 이상을 떠올려 본 적이 없는 내가 감옥에 대한 연상을 '사색'으로 가져갈 수 있는 사고의 형평도 이 도시에 머물고 있기에 가능한 일이다. 정치적인 이유로 사상의 자유로 감옥을 넘나드는 정치가, 사상가들에게서 오는 '옥중편지'는 그 자체만으로도 의미가 있지 않은가.

모든 고통이 나라의 심장인 서울로 집약되기 마련이어서 서울은 언제나 북새통이다. 고통을 떠리 올리오는 많은 사람들로 하여 서울은 만원이다. 오래전 어느 소설가의 작품에서도 서울은 이미 만원이었다. 이십여 년 전에도 그랬고 지금도 여전히 그 말은 유효하다. 그러나 서울이 터졌다는 말을 들어본 적은 없다. 다만 서울은 넓혀져 가고 있을 뿐이고 서울로 발을 내딛는 사람들을 받아들이고 있을 뿐이다. 도무지 어느 것 하나 적거나 작은 것으로 표시할 수 없는 많은 것, 큰 것으로 상징되는 서울을 바라보면 때로 한적한 시골 풍경이 그립지 않은 건 아니다. 그러나 한시도 이곳을 떠날 수 없는 처지라면 처해진 곳에서 두리번거리며 찾아야 할 것이다.

내 경우 홍릉에서 회기동 넘어가는 길, 효자동에서 자하문에 이르는 길, 구기터널에서 불광동까지 이어지는 길은 도심 속에서 찾아낸 풍경이다. 안개 자욱한 날 홍릉길을 걸어보면 은행잎 떨어지는 계절에 그 길을 걸어보면 안다. 그 길이 왜 풍경이 되는가를. 겨울 설경은 또 어떠하던지. 찾아서 없으면 만들어서라도 가져야 한다. 우리가 궁지에다 못을 박으면 그곳에서 살 수밖에 없다고 한다. 막다른 골목이라면 돌아나오는 길도 있을 것이고 거기에 유실수 한 그루라도 심는다면 그 열매가 있을 것이 아니겠는가. 하여 서울 사람들, 아니 내 고향 사람들만이라도 앞장서서 저마다 연장을 들고 무엇인가를 만들어보면 어떨까. 집집마다 문 앞에 새집 모양의 편지함을 만들어 보고, 길모퉁이마다 책방을 꾸미고 빈터마다 벤치를 놓아 본다면 어떨까 말이다.

서울은 불쑥 솟아난 서울이 아니다. 내 어릴 적만 해도 서울 변두리에는 논밭이 많았고 따라서 논둑길이나 누런 황소, 야트막한 언덕배기, 솔숲을 보기란 어려운 일이 아니었다. 그런 곳들이 다듬어져 오늘이 된 것이다. 여의도도 알고 보면 쓰레기 더미 위의 신화가 아니던가. 또 서울이 문안으로 지칭되던 때가 있었다. 그때 어른들은 문안에 볼 일이 있다는 말로써 서울을 나타냈었다. 그저 사대문이면 서울의 넓이를 말할 수 있던 것이다. 당시 내가 다니던 여학교는 동대문 밖에 있어 졸업할 무렵까지 문안을 들어가보지 못했다. 발 닿지 못한 길을 우리는 동경하기 마련이다. 그때 나는 서울에 속해 있으면서도 서울을 동경했었다. 자기가 다니던 길만이 세상 전부로 알던 한 아이가 자라 문 안팎으로 나 있는 세상의 길들을 따라 어른이 되어 이제 불혹을 바라보고 있는 것이다. 이제 동요가 없어야 할 나이임에도 세상의 길들은 끝이 없다는 말에 아직도 새롭게 시작할 용기를 갖게 된다.

시작한다는 것은 우리가 미처 알아내지 못한 어여쁜 사람들, 아직 만나지 못한 사람들을 만날 수도 있는 일이다. 산다는 건 발을 떼어 모르는 땅을 밟아보는 일이 아닐까. 모든 것이 포화상태라고들 하지만 아직도 서울은 넓다. 무언가를 이루어 놓은 것이 없는 사람들에게도 희망을 갖게 해주는 곳이 서울이다. 많은 사람들이 꿈을 갖고 당도하여 그 꿈을 포기하고 낙향하게 만드는 곳이 또한 서울이다. 그렇게 서울은 언제나 양면의 얼굴을 가지고 있다. 가능성이 있는 곳이기에 부대끼며 휘둘리더라도 서울에서 사는 게 아닌가. 삶이 높이를 알 수 없는 정상을 오르는 고독한 등반이라고 한다면 부조리를 헤쳐 정상을 만들어 가는 일이 가능한 곳도 서울이다.

앞으로 4년 후면 서울은 정도 600주년을 맞게 된다. 역사 속에서 서울은 하나의 왕조를 거치고 현대사를 맞은 지도 100여 년이 되어 간다. 그 세월, 그만한 수령의 소나무를 떠올려본다. 어떤 세상의 변화에도 아랑곳하지 않고 말없이 서 있는 모습이다. 그처럼 나무에 비유될 때 너무도 의연한 모습이 연상되는 것과는 다르게 지금의 서울은 너무나 어지럽다.

많은 문제 앞에서 유난히 저마다의 목소리가 높다. 평화로울 때라면 흐트러진 음, 자유분방한 음들은 산조라 하여 우리 가락에서도 각별한 의미를 갖는다. 즉흥적이면서도 환상적인 음이 될 수도 있겠다. 그러나 지금은 어려움을 풀기 위한 소리라 해도 너무도 엉켜있는 느낌이다. 그러나 어찌 보면 그 모습이 서울이 갖는 본질일지도 모른다. 거미줄같이 놓여진 서울의 길들이 이미 그것을 상징하는지 모른다.

이제 세계의 변화에 따라 통일을 수태하고 있는 서울이 앞으로 어떤 결론을 낳을지 아무도 모른다. 허나 통일을 품어 안고 있다는 사실 하나만으로도 충분히 노래할 만하다. 통일은 결국 민족을 끝끝내 이 땅에 살게 할 명제가 아니던가. 궁극의 목표를 아는 이들은 작은 다툼에 놓이지 않는다 했다.

서울은 모든 사람들이 바라보는 서울이다. 그리고 이곳에 연고 하나쯤 가지고 있지 않은 사람은 없을 것이다. 하여 서울은 많은 사람들의 희망을 담고 있는 커다란 호수인 셈이다. 그 호수에 우리의 얼굴이 어떤 모습인가를 자주자주 비춰볼 일이다. 그리고 이따금 하늘도 쳐다볼 일이다.

사람과 사람 사이

까닭 없이 사람이 그립다. 사람들 속에 있으면서도 그렇다. 아울러 마음에 어떤 그림이 그려지면서 그 그림 위에 얼마 전 보았던 영상이 슬쩍 겹쳐진다.

그때 대했던 그림 같은 영상이 아직 마음에 선연한 것이 마치 보이는 듯하다. 햇살이 투명한 시골 마을 어귀, 새소리가 풀숲에 어우러지고 맑은 햇살로 하여 풀색이 연둣빛 초록빛으로 구별되는 참으로 따스한 풍경이있다. 그런 배경과 함께 더욱이 내 마음을 끈 대상은 돌로 만들어진 네모 모양의 우물이다.

어떤 연유였을까. 돌우물에 잠긴 하늘과 나무와 그 나뭇잎이 만들어내는 고요, 이상하게도 그 고요가 나를 흔든다. 처음엔 고요함 그것이더니 파란 하늘 안에 나뭇가지의 잎들이 흔들린다. 물이 흔들리면서 그 모든 풍경이 떨리고 있다.

왜 내 마음 안에서 그 장면이 오래도록 떠나지 않는 것일까. 문득문득 지나온 모든 것이 그리워지는 것을 느끼던 즈음이었다. 지나간 발자취를 더듬는 중이었다. 그 길목에서 만났던 사람들, 그들과 이루었던 많은 일들이 떠오르면서 괜히 사람이 그리웠다. 사람들 속에서 생활하면서도 그랬다. 그렇게 알 수 없는 느낌에 휩싸이던 중 따스한 풍경과 만난 것이다.

추억은 우리를 옛날로 데려다 준다. 그때 우리는 얼마나 정다웠던가. 아무런 대책없이 과거 속으로 빠져들어 그 속에서 수많은 이야기를 주고받는다. 우리는 평소 드러내어 말하지 않을 뿐 중얼중얼 속말을 하고 살아가는가 보다. 그것이 마음 구석에 쌓이는 것이 심층이리라. 어느 날 자기도 모르는 그것을 만나보는 일은 실로 뜻밖의 만남이다.

어린 시절 강가에서 주웠던 조약돌 그리고 토끼풀로 엮어 만들었던 꽃반지, 꽃목걸이, 그 강가에 만들어 놓았던 모래성, 지금이라도 그곳에 가면 우리들이 잃어버린 추억을 찾을 수 있을까. 그렇지 못할 것을 알면서 다만 옛날을 그리워할 뿐이다.

우연한 만남 뒤에 오는 향수, 그것은 무엇을 의미하는 것일까. 그리움을 그리워하는 그 이미지는 거기서 끝나지 않고 사람들을 불러낸다. 추억 속의 그리운 얼굴들, 사랑한 사람들 그 사람들이 그립다. 이제는 먼 나라에 살고 있는 친구들 그들과 한때 얼마나 정성스러웠던가. 지금은 다만 멀리 있어 그리운 사정이 되었다. 그 사정이 정녕 그리움 때문인지조차 확실하지 않을 만큼 그들은 멀리 있다. 물론 편지라는 것이 있어 정을 이어갈 수 있지만 우리는 더 이상 할 말이 없어졌다. 볼 수 없다는 것, 만날 수 없다는 것 그것은 심한 단절을 가져다주고 말았다.

사람에 대한 그리움은 다시 만나지 않으면 짧아서 몇 달, 길어야 몇 해면 씻은 듯이 없어지는 것이라는 말이 있다. 나도 예외없이 그런 길을 걸어온 것 같아 더 할 말이 없다. 그저 그들도 나처럼 어떤 계기가 있어 사람을 그리워하는 마음만은 잃지 않았으면 싶다.

'사랑한 사람들', '사랑했던' 이라는 표현 대신 그렇게 이름지어 불러본다. 그 말 속에는 그리움이 내 마음 안에 영원히 현재형으로 머물렀으면 하는 나의 바람이 들어있다. 그러나 우리가 원하는 그대로 되는 것이 인생이라면 산다는 일이 얼마나 수월할까. 간혹 어긋나는 것이 또한 인생이다. 그리고 한번 어긋나면 절대로 만날 수 없다. 혹 만날 수 있어도 맨 처음의 그 떨림은 절대로 아니다.

얼마 전 나는 한 사람과의 아픔을 겪었다. 더 이상 만날 수 없는 사람, 그는 이제 기억 속에서만 만날 수 있을 것이다. 소중했던 것은 언젠가 잃어버리게 된다는 것을 우리는 경험으로 알고 있다. 그러한 상실감을 마음으로 준비하여야 한다. 처해진 상황에서 최선의 사랑을 하는 것이, 갑자기 맞게 되는 아픔을 준비하는 최선이라고 본다. 삶에는 우리가 풀지 못하는 비밀이 있는가 보다. 유독 멀리 있는 사람이 그리운 것이, 손 닿을 수 없는 곳에 있는 사람이 그리운 것이. 항시 이편에서 보면 저편이 그립고 그곳으로 자리를 옮겨보면 다시 예전이 그립다.

서두에 나는 까닭 없이 사람이 그립다고 했다. 그러나 까닭 없는 일이 어디 있으랴. 더 사랑하는 편이 행복하고 더 사랑하는 사람이 많이 아픈 것 그것이 사람과 사람 간의 관계이다. 그 소중한 관계가 매번 우리를 안타깝게 하는 것이다. 언제쯤이면 그 '사랑'에서 놓여날까. 언제쯤이면 안타깝기만 한 그 마음에서 놓여날까. 그리고 무심한 마음으로 지난 시간을 추억할 수 있을까.

잃음 뒤에는 얻음이 있는 것일까. 그 어려운 고비에서 고마운 어른을 만났다. 마음이 혼돈 중인 그때, 내 마음에 한 등이 켜진 것이다. 이제 나는 길을 잃게 될 때 그 어른의 혜안을 마음에 두려한다.

'사람과 사람 사이'를 여쭈어 보았다.

"한평생을 살면서 내 가슴 안에 열 사람쯤 남아 있다."

"열이라는 숫자의 의미는 무엇입니까?"

"그 정도면 가끔씩 생각난다."

그 어른의 회고를 들으면서 삶의 비밀을 짐작해 본다. 우리가 세상에 다시없는 정성스런 사랑을 하였다 해도 그건 가끔씩 떠오르는 '그림'이 된다는 것을.

우리가 언젠가 잃어버린 추억을 만날 수 있을 때 혹은 그 반대의 경우가 될 때 우리 앞에는 어떤 이름의 '거리距離'가 남는다는 것을 알겠다. 우리가 사랑이라는 이름으로 아프다는 건 그 거리를 아파하는 것이리라.

마음 붙일 곳

사르트르의 표현을 빌리자면 인간은 무익한 열정에도 불구하고 행복을 추구하는 존재라고 한다. 그렇다면 행복이란 무엇인가. '눈에 보이지도 않는 것, 만져지지도 않는 것, 다만 느낌으로 알 수 있는 그 무엇'이라 다시 풀어본다. 하여튼 행복은 이즈음처럼 세상이 시끄러울 때 선명한 대비를 이루며 드러내는 희망의 대상인 것이다, 그 행복이 약속될 수 있는 땅이 있다면 누구라도 그곳에 가려고 하지 않을까.

몇 해 전 일이다. 우리 가족이 이 년 정도의 기약을 가지고 지방으로 터를 옮겨 살고 있을 때이다. 그때 나의 생활은 어릴 적부터의 뿌리 깊은 터 서울을 떠난 허전한 심정의 나날이었다. 비록 지척의 거리라 해도 낯설음이 떠나질 않았던 것이다. 그 무렵 어느 하루 내게 소포가 왔다.

삶을 살아가면서 손바닥만한 엽서 한 장이 나를 찾아주어도 버선발의 반가움인데 잠시라도 그 내용을 알 수 없는 상상의 덩어리, 소포가 온 것이다. 포장을 벗고 드러낸 그것은 투명한 유리상자, 그 속엔 제비꽃 한 무더기가 다소곳이 자리하고 있었다. 아, 제비꽃! 반사적으로 보듬어보니 작은 키, 짙은 보랏빛, 그 꽃은 많은 이야기를 생략하고 있었다.

서울에서 가까운 거리라 해도 하루의 경로를 거쳤건만 내 손에 묻어나는 그 냉기를 어떻게 설명할 수 있을까. 제비꽃이 귀할 즈음에 발견한 반가움으로 그 현장감의 보존으로 솜에 얼음을 싸고 그곳에다 제비꽃을 묻어 보내온 것이다.

“제비꽃 봉오리만 따왔기 때문에 며칠 견딜 수 있을 거야. 꽃에게 미안하지 않아. 너와 아영이가 충분히 사랑해 주리라 믿으니까.”

짧은 메모와 함께 배달되어 온 행복, 나는 그것을 행복이라 이름 짓는다. 그 순간 나는 행복의 질감을 볼 수 있었고 또 만질 수 있었고 더 나아가 살포시 보듬어보기도 했던 기억이다.

사람에게는 밀리고 밀리는 현실의 막다른 골목에서도 ‘마음 붙일 곳’ 한 뼘쯤 있으면 살아갈 수 있다는 믿음이 나에겐 있다. 내게 그런 내밀한 장소를 마련해 준 들꽃 같은 사람, 돌이켜보면 기쁨과 고통을 함께 나눈 사람이다. 행복을 주문하면 배달해 줄 사람, 희망하면 그것을 약속해 줄 사람 그녀가 사는 곳을 나는 행복이 약속될 수 있는 땅이라 말하고 싶다.

나는 그곳을 그녀의 표현대로 'K대 영안실 바로 앞집'이라고 쓴다. 몇 년째 학생들 하숙을 받고 있는 그녀의 안내는 조금 다르다. 해마다 신학기가 되면 학교 근처 전봇대에 가꾸지 않은 자연 그대로의 그녀 본색처럼 연둣빛, 초록빛깔의 풀과 꽃들을 그려놓고 그런 빛깔의 청년들을 기다리는 것이다. 누군가 전화로 문의를 하면 '대학병원 영안실 바로 앞집'이라고 말한다. 그런 답에 갸우뚱하는 상대방에게 "얼마나 열심히 살게 되는지 한번 와서 살아보세요."라는 권유도 한다.

지금 그 땅에 선착하여 살고 있는 일곱 명의 하숙생들은 그렇게 안내된 사람들이다. 그들은 "우는 소리가 심하게 날 때는 좀 내다보라"는 명령을 받고 산다. 물론 그녀는 몇 년째 부엌 싱크대 위에 올라서서 '창 너머 조문'을 하고 있다. 그러지 않아도 눈물 많은 사람에게 이래 저래 눈물이 마를 날이 없는 형편이다. 누구든 그 땅에 들어서기만 하면 그 독재자에게 절대 복종하지 않을 수 없게 하는 힘에 저절로 끌리게 된다. 정돈된 양옥들이 늘어선 동네 끝자리, 허름한 집을 찾아들면 거기에 그녀가 있다.

온갖 풀들이 제멋대로 자라는 곳, 마당 한 귀퉁이 귀 떨어진 옹기 속에 개구리, 올챙이가 노는 곳, 어딘가에서 새소리도 들리는 곳, 언제나 대문이 열려 있는 '마당 깊은 집'이 그곳이다. 담 하나 사이로 극명한 죽음과 대치하고 있는 그 땅에서 그 모든 자연이 숨쉬고 있는 것이 그녀가 갖는 생명력처럼 보인다.

언젠가 언니에게 행복이 무엇인가를 물은 적이 있다. "글쎄, 파릇한 새싹이 솟아나올 때 나는 무한한 행복을 느껴. 그리고 또한 지하 보일러실에서 망가진 나무들로 군불을 지필 때 최고의 행복감을 맛본다."는 답이었다.

짐작은 했지만 과연 언니답다고 생각했다. 그녀를 모르는 사람들은 감상이라고 할 수도 있다. 그러나 나는 스스로 그렇게 행복을 창출할 수는 없어도 언니 이야기를 끝없이 들어주는 일로 그녀의 행복에 충실히 공감한다.

내게 '마음 붙일 곳'이 있다는 생각만으로도 나는 행복하다. 한편 불행하다. 그 모든 행복 나르기의 주체, 당사자는 늘 아프다. 칠 남매의 맏며느리 노릇, 열 몇 식구의 충실한 파수꾼 역할 그리고 매일 하는 창 너머 조문이 그녀의 체력을 자주 넘어뜨리곤 한다. 내 마음 붙일 곳이 건강하지 못해 나는 가끔씩 왼쪽 가슴을 문지른다. 그 아픔으로 하여 이 글을 쓴다. 수로부인에게 바친 이름 없는 노인의 헌화가 있다 하던가.

어쩌면 그 '덧없으나 근본적인 부富', 행복 나르기의 도로에 대한 나의 헌사가 되길 비는 마음이다.

금아 선생 생각

서문

어느덧 일 년이 흘렀다. 사람의 인연이란 실로 알 수 없는 것이어서 그저 인사의 예를 갖추고자 했던 방문이 그만한 시간과 공간을 만든 것이다.

맨 처음엔 영상을 통하여 그 다음엔 강좌에서 그리곤 그의 서재에서 만남은 이루어졌다. 내게 있어 그의 이미지는 낡은 사진첩의 빛바랜 사진이었다. 그래서 한 권의 책 속에 정리되어진 그의 문학을 대하는 그 이상의 관심은 있을 수가 없었다. 그것은 아마 나뿐만의 생각이 아니었을 것이다.

그는 세상 저편에 있었다. 누구의 의지로 편 되어진 것은 아닌데 어느 날부터 마치 은둔자처럼 그렇게 세상으로부터 멀리 떨어져 있었다. 잘못 이해되면 외로운 섬처럼 존재한 그를 독자들은 잊고 살 수밖에 없던 것이다. 독자를 외면한 독자의 요구에 부응하지 않는 작가는 이유야 어떠하든 잊혀지기 마련이다. 그래서 우리는 작가 피천득을 만날 수 없었고 그저 그가 남긴 단 하나의 흔적 '금아문선琴兒文選'만을 대하며 엄연히 살아있는 그를 추억할 수밖에 없었다. 그는 세상으로부터 너무나 꼭꼭 숨어 있어 그가 정말 세상을 떠난 것으로 알고 있는 독자도 상당수 있는 것이 현실이었다.

그러던 그가 어느 날 텔레비전 영상을 통해 모습을 드러내었을 때 우리는 아니, 나는 조용히 그를 응시했다. '82세 소년 피천득' 그렇게 그의 삶은 한 시간 동안 무대 위에 올려졌던 것이다. 나 말고도 많았으리라. 동시대를 살고 있는 우리 중에 그를 모르는 사람이 있었던가. 청소년기 감수성이 예민한 시절 교과서를 통해 우리에게 청명한 아름다움을 선물했던 작가, 피천득. 까마득한 날의 작가가 현존한다는 기쁨, 그의 삶이 그토록 맑게 이어지고 있다는 기쁨, 무엇 하나 감동이 아닌 것이 없던 그날의 만남으로 나는 한 편의 글을 쓰게 된다.

금아 선생 생각 · 2

금아琴兒 선생을 뵈었다.

지난해엔 티브이를 통해 선생을 뵌 기쁨으로 글 한 편을 쓸 수 있었다. 이번엔 모시고 귀한 말씀을 직접 듣는 기회를 가졌으니 그 기쁨은 더했다. 모임의 이름자의 '산책'을 귀히 여기셨는지 어려운 걸음을 해주셨다.

문단에 마음으로 존경하는 어른이 몇몇 계시다. 그럼에도 금아 선생을 이야기하려면 마음에 어떤 떨림이 있다. 어쩌면 그분에 대한 어떤 외경심 때문일 것이다. 좋은 글을 쓰는 여러 분들이 있지만 자기가 향하고자 하는 정점에 있는 대상을 만난다는 것은 실로 반가운 일이 아닐 수 없다.

영상으로 뵙고 쓴 글을 두고 사람들에게 인사를 많이 받았다. 그것은 글의 완성도보다는 금아 선생의 후광이었다는 편이 맞을 듯하다. 어쩌면 그렇게 드러내어 사모할 수 있느냐는 물음도 있었고 어떻게 그리 자세한 관찰이 가능하냐고 묻는 이도 있었다. 그러나 내겐 너무도 반갑고 기쁘더라는 말, 그 느낌이 빚어낸 사고였음을 담담히 말하고 넘길 수 있었다.

그때 나는 그런 말을 했다. 앞으로의 나의 글쓰기는 선생의 글 속에 내 마음을 비추어 보는 일이 될 것임을 예견해 놓았다. 그렇게 내 앞의 전범으로 계신 그분을 이 봄 만나게 된 것이다. 아직 찬바람이 있던 날이어서 가시는 모습을 뵙고자 나온 회원들을 향해 어서 들어가라는 당부가 지금도 눈에 선한데 얼마 지나지 않은 오늘은 완연한 봄날이다.

봄날! 세상이 온통 꽃으로 물들고 있다. 올핸 유난히 봄이 빠르다. 문 밖 몇 걸음만 나서면 목련의 자태가 눈부시다. 개나리, 진달래 또한 어디를 가도 무리지어 따라 나선다. 사람들은 그 꽃을 보면서 무슨 생각을 할 것인가. 아마도 간절한 생각들을 하리라. 나는 유독 목련을 보면 거기에 묻어 있는 그리움과 사랑을 떠올리게 된다. 하늘을 향하는 모습에서 꽃 모양에서 그 같은 정서를 읽게 된다. 먼 곳을 향한 기울기가 그리움이라 한다면 수줍은 듯 피어나 어느새 자기 모습을 잃어버리는 모습에서 사랑을 본다. 이렇게 꽃 그대로 취하지 못하고 그것에서 의미를 찾는다는 자체가 어리석음일는지도 모른다. 내게 꽃이 사랑일진대 취하기보다는 아픔의 대상이라는 표현이 더 적절하여 나는 문 걸어 잠그고 그 아픔을 어룰 그 무엇을 찾고 있는 중이다.

이렇게 꽃이 분분한 날, 꽃으로 하여 상처받고 있는 사람들이 분명 있을 것이다. 나처럼 꽃을 바로 볼 수 없어 가슴을 앓고 있는 이가 어딘가에 있을 것이다. 이럴 때 상처를 싸맬 수 있는 글 한 편을 쓸 수 있다면 얼마나 위로가 될 것인가. 우선 나에게 그러할 것이고 어딘가에 또 나 같은 사람에게도 무엇인가를 조금은 나눔의 길이 될 터인데 그렇게 현실을 바로 볼 수 없는 꿈속 길에서 만날 수 있는 분이 금아 선생이었나 보다. 오늘 글을 쓰게 된다면 선생에 대한 글을 쓰리라면서 펜을 잡았으니 말이다.

꽃의 아름다움을 보고 아픔을 생각하는 것을 이해해 주실 수 있는 분이 선생이다. 모든 아름다움 속에는 기쁨과 슬픔이

들어있다고 일러주신 분이기에 더욱 그러하다. 이제는 이름도 기억해 주시고, 이야기를 나누고자 하면 만날 수도 있는 자리를 기약해 주셨지만 달려가 만나는 것을 미루고 이렇게 생각에 잠겨 있음이다. 생각은 마음을 머금고 있을 수 있어 참으로 신비할 때가 많다. 반대로 말은 뭔가를 말하려 해도 늘 빗나가는 말밖에 떠오르지 않아 얼마나 우리를 당황하게 만드는지 모른다. 빗나가거나 전혀 반대되는 말이 될 때 우리는 만남을 되돌리고 싶은 때가 얼마였던가.

다시 선생을 뵌 날로 돌아가 본다. 나는 지금 내 글을 쓰면서도 많은 기억을 떠올리고 있다. 우리가 어떤 상황에 놓여 있을 때는 그때 자기 모습이 어떠했는지는 자신이 알 수가 없다. 얼마만큼 시간이 흘러 그것이 추억이 되었을 때 마치 풍경처럼 그때가 떠오르는 것을 경험한다. 그것처럼 나는 지금 일부러 하나의 글 속에서도 슬픔과 기쁨을 배접하는 것이다. 그것이 아름다움이라는 역설을 만들어 보면서 아름다운 사연이 있기에 아픈 것이라면 우린 기꺼이 앓아야 그것이 또한 공평한 삶이지 않겠는가.

그것을 증명이나 해 주시려는 듯 그날의 만남 중에도 인생의 몇 가지 정의를 주셨다. 이제 선생의 경륜에서 남기는 말씀은 정의라 이름 지어도 결코 지나치지 않을 것을 나는 자신할 수 있다.

우리 동인 모임에서 선생께선 모두가 후학이고 제자나 자제

격일 회원들 앞에서 한 점 흐트러짐이 없으셨다. 시종 이런 자리에서 내가 무슨 말할 자격이 있느냐시며 아는 데까지는 말씀하시겠다고 궁금한 것이 혹시 있느냐는 그런 모습이셨다. 괜히 글 이야기만 나오면·목소리가 높아지는 나 같은 소학에게는 선생의 모습 하나하나가 가르침일 것은 당연한 일이다. 그날 선생은 무슨 질문이 있겠나 하셨겠지만 회원들의 많은 질문이 있었다. 이어 답을 주시는 중에 기억이 나지 않거나, 분명한 답이 마땅치 않을 때는 '당신이 너무 늙어서'라는 말로 대신하며 맑게 웃으시곤 하여 일동은 몇 번이나 크게 웃었는지 모른다. 풀어서 써서 그날 분위기가 살아나지 않아 선생의 말씀을 그대로 옮겨 적으면 'MAYBE HE IS TOO OLD' 그렇게 된다. 미국에 사는 손주들의 일을 일일이 챙기지 못해 생겨난 말이라고 소개해 주셔서 일견 쓸쓸함도 주는 말이었지만 그날의 분위기에서는 단연 철학적인 경구였다.

내게도 질문이 하나 있었다. 선생님과 따님 '서영이'를 묻지 않을 수 없었다. 세상에서 가장 아끼고 사랑하는 사람과 헤어져서 어떻게 지내실 수 있는지를 꼭 묻고 싶었다. 이제쯤이면 그리움과 사랑의 상징이라 할 수 있는 선생께서 사랑에 대한 훌륭한 처방이 있으실 줄 믿고 질문을 드린 것이다. '서영이'에 대한 질문을 피할 것을…. 그러나 이미 말을 해버린 것을. 사는 게 아니지, 할 수 없지 하는 표현을 쓰심으로써 마음을 나타내 주셨다.

그리움이, 사랑이, 우리를 얼마나 기쁘게 하는지 아름답게 하는지 아프게 하는지를 나는 안다. 금아 선생께 애초 사랑에 대한 분명한 답을 원했던 건 아니다. 그저 내가 믿을 수 있는 분의 말씀을 들음으로써 내 삶에 등불을 삼고자 했던 것이다. 내게 있어 '사람'은 내 글의 영원한 테마이고 그중 '사랑'은 꺼뜨리지 않아야 하는 불씨이기에 오늘도 나는 한 사람 이야기를 쓰고 있다. 선생께 글로써, 만남으로써 많은 것을 허락 없이 내 것으로 하면서 송구스럽게도 내 손은 비어 있다.

걸인

1. 표면表面

막이 오른다.

햇살이 퍼질 무렵부터 극은 시작된다. 무대는 서울역 근처 육교 위, 조금 높은 곳으로 한정되어 있다. 배경 음악으로는 그곳에서 멀지 않은 교회당에서 울려퍼지는 종소리가 나지막이 울림으로 남는다.

배우는 무대로 연결된 사닥다리를 또 한 사람의 부축을 받으며 등장한다. 극이 미처 시작되기 전에 배우는 땀을 닦는다. 이제 서막은 엑스트라인 듯한 사내의 퇴장으로 시작된다. 늑스구레한 신사는 객석을 향한 채 우뚝 서더니 주머니에서 검정 선글라스를 끼고 한 평 남짓한 마대를 깔고 그대로 앉는다.

그 밖에 무대 장치나 소품은 없는 듯하다. 관객은 그를 응시할 수밖에 없다. 달리 볼거리가 없기 때문이다. 일단 주인공은 표면상 '주목받는 생生'으로 평가 받을 만한 것처럼 보인다.

앉은 사내는 객석을 향해 두 손을 모아 벌리더니 그리곤 침묵이다. 온종일 관객은 속수무책 그 장면을 봐야만 한다. 극이 극으로 의미 있으려면 무대 · 배우 · 관객의 삼요소를 이루어야 하지 않는가. 그러나 막은 흥행에 관계없이 처음에 부축했던 사내가 다시 주인공 신사를 육교 밑 낮은 곳으로 옮겨 놓으면서 내려진다. 그렇게 해서 하루 공연이 끝나고 이튿날 다시 오르고 또 오르고… 하길 벌써 몇 년째 장기공연에 들어갔었고 그 후 어느 겨울날 그 배우는 그 특유의 앉은 모습을 보이다 잠시 옆으로 드러눕더니 끝내 일어나지 못하는 것으로 관객의 요구에 부응하게 되었다.

하루라도 무대 자체가 폐쇄되기만 기다리던 관객들은 그것을 변화라 했고 비로소 그를 명배우라 기억할 준비를 하는 듯했고 완벽한 모노드라마의 작가이자 배우였던 그의 유언은 '한 순간이라도 세상을 볼 수 있었으면' 하는 희망대로 도심의 불빛이 들어오면서 무대의 막은 영영 내려지고 말았다.

2. 이면裏面

그가 완전한 걸인으로 전락한 것은 50대 후반부터라 했다.

외항선원으로 출발했던 그의 삶은 늘 바다에 정박 중이었다. 마치 하늘에서 땅을 바라보듯 육지가 가물거리기만 할 뿐 만져지지 않았다. 그는 젊은 시절에 그 의미를 깊이 짚었어야 했는데 그때는 아직 젊었다.

그에게 있어 가족은 언제나 낯설었고 그때마다 그는 바다로 돌아갔고 남겨진 사람들은 그저 관계된 사람들이었다고 한다. 망망대해 중에도 내 손에 든 키 하나로 목적을 이루던 그는 이 세상은 언제나 키만 있으면 열 수 있다고 믿었다 한다.

그러나 그러나….

어느 날 "육지다." 하는 동료의 말에도 그 대상이 눈에 나타나지 않고 그 소리의 주인공 얼굴도 부옇게 흐리더니 종내는 자신의 손도 희미하게 만져볼 수밖에 없더라는 것이다. 실로 순간이었다고 한다. 운명은 갑자기 그에게서 그렇게 푸르던 바다 -희망-을 송두리째 빼앗더라고 회상했다.

희미해지더니 모든 게 간단하게 끝나더라고.

회사 측에선 눈먼 항해사를 더 이상 필요로 하지 않게 되었고 그가 낯설어했던 가족들은 이제 그를 낯설어하고 보니 그가 서 있을 곳은 어디에도 없었다고 한다.

바다도 육지도 아닌 건공중 그렇게 육교 위의 완벽한 걸인이 되고 말았고 그는 도심에 하나의 정물로 남게 된다. 그는 졸지에 철저한 행려병자가 되어 그렇게 몇 년을 산다. 혼자는 절대로 살 수 없던 그에게는 부축하는 사내와 가끔씩 도와주는 젊은 학생들이 있었다.

3. 뒷이야기

그가 쓰러진 후 그의 유품을 정리하던 사람들은 그의 낡은 잠바 안주머니에서 황금색 통장 하나를 발견한다.

과연 그에게 있어서 저금의 의미는 무엇이었을까.

꿈

오랜 꿈이 하나 있었다.

산 한가운데 전망 좋은 방을 갖는 그런 생각을 하게 된 것은 글을 쓰면서부터이다. 많은 문학작품 속에 등장하는 아름다운 배경은 나를 꿈속으로 무한정 데리고 가곤 했다. 현실에 있어서도 행동은 마음을 따르는 것이어서 여러 곳을 밟아본 셈이다.

강이 내려다보이는 강마을도 좋고 안개가 자욱한 숲길도 좋고 먼 데 산이 바라보이는 창 넓은 찻집도 좋았다. 그 장소가 멀지 않은 곳에 있어서 가끔씩이라도 가 볼 수 있어 얼마나 좋은지 모른다.

누군가가 나를 향해 너무 현상적인 것에 매달려 본질을 잊고 사는 게 아니냐고 반문할지 모르겠다. 하늘에 별만을 바라보고 걷다 지상의 길을 잃고 헤맸다는 어느 일화처럼 나를 염려할는지 모르겠다. 그러나 그것은 그야말로 염려이다. 꿈은 언제나 꿈이고 현실은 엄연한 현실로서 우리 곁에 현존한다. 내가 설령 그 구분을 못한다 해도 꿈은 늘 꿈속에 있지만 현실은 아침, 저녁으로 해를 달리하며 나를 안내하고 있다.

현실 속에서 맞게 되는 어둠이 꿈이었으면 하고 눈 감고 싶을 때가, 꿈속에서 본 밝음이 곧 생시라면 하고 바랐던 때가 얼마였던가. 인간의 속성이 기쁨과 아름다움을 향한 지극한 바가 해바라기와 크게 다르지 않다. 밝음만을 향해 웃자라는 속성이 때로 얼마나 인간을 가볍게 하는지 우리는 안다. 본시 삶은 한번 통과하는 일회성 때문에 어떻게 하든 잘 살아내야 하는 과정이다. 대부분이 부조리와 어둠의 이미지이기에 견딘다는 표현과 살아내야 한다는 정의가 따른다고 본다.

우리네 삶을 '참을 수 없는 존재의 가벼움' 속에 담아낸 밀란 쿤데라의 스케치를 보면 삶의 구도는 더 이상 갈 데 없는 막막함이다. 물론 정치적 배경을 갖고 있는 작품이라 시종 어두운 색조였지만 내가 읽어낸 테마는 권태 그것이었다. 어둠을 걷어내기 위해, 권태를 이겨내기 위해 절대적으로 내가 할 수 있는 일은 꿈꾸는 일이었다. 어쩌면 가능할지도 모른다는 희망 속에서 꿈은 꿈대로 보다 구체적인 형태를 띠기 시작했다.

글 쓰는 일 자체가 꿈꾸는 일이었다. 꿈속에서는 잃어버린 사람을 만날 수 있으며 슬픔도 끌어안을 수 있고 불가능한 일을 가능한 일로 상상할 수도 있기에 그랬다. 현실이 어려우면 어려울수록 이상스럽게도 꿈의 깊이는 더 깊어만 갔고 현실을 살려면 꿈에서 한시라도 빨리 깨어나야 했는데 어찌된 셈인지 한시도 꿈을 잃어 본 적은 없다.

내가 갖고 있던 꿈이 너무 구체적이어서 그랬는지 모른다. 너무 생생한 꿈을 꾸고 있었기에 어느 땐 꿈과 현실의 구분이 어려울 때도 있었다. 산이 보이는 '전망 좋은 방'이 내가 꿈꾸던 구체적인 그것이다. 기왕이면 북한산이 보이는 그런 자리였으면 하였다. 산에 자리잡고 있으니 이름하여 산장이겠다. 생각을 그렇게 가져가면 산장은 구체적으로 '거기에' 분명 존재했다.

함께 있어서 좋은 사람들이면 누구나 열쇠를 하나씩 가지고 있다. 언제 어느 때고 약속 없이 그곳에 모여 이야기를 나눌 수 있으면 좋을 것 같았다. 그 공간이 마련될 때 내 의견이 참고될 수 있다면 햇빛이 스며드는 다락방 하나 있었으면 좋겠다. 전면에서 보면 단층이고 측면에서 보면 이층이 되겠다.

다락방을 이고 있는 아랫층 거실은 방 하나로 이루어져 있다. 사면을 유리로 만들고 싶으나 산이 보이는 한 면만을 커다란 유리 하나로 한다. 하면 우리 모두는 그곳에 모일 때마다 몇 백호의 풍경화를 보며 숨 막혀 할 것이다. 그리고 고개를 돌리면 한 면은 흰 벽으로 되어 있다. 그곳에 가끔 스크린을 걸고 환등기를 돌린다. 영화를 좋아하는 우리는 그렇게 모여 세상을 읽을 것이다. 책, 영화 그 둘은 많이 닮아 있어 우리에게 세상을 읽게 하는 좋은 텍스트가 아니던가. 빵 한 조각, 차 한 잔과 더불어 우리는 그곳에서 많은 이야기를 나누게 될 것이다.

어느 날 자고 나면 그 꿈이 이루어질 것이란 터무니없는 생각, 그것은 꿈이었다. 꿈은 꿈으로 있어도 좋았다. 그것은 생각만으로도 그득한 무엇이 있어 생각하면 할수록 새롭게 변형이 되기도 했다. 그렇게 문득문득 내 생활을 지배하던 내 꿈의 세계가 실제 현실에서 이루어졌다면 그것은 어떤 해석이 가능할까. 간절히 원하면 이루어진다는 그 믿음을 믿는 수밖에 없을 것이다.

당자인 나도 믿기지 않을 만큼 꿈은 현실이 되었다. 하나의 새로운 현실이 내게 마주쳐왔고 나는 그 사실을 믿지 않을 수 없게 되었던 것이다. 현실은 소리 없이 내게 다가왔다. 몇 년을 그저 눈으로만 이야기하던 한 사람과 함께 온 것이다.

○선배는 조용한 사람이다. 모임에서 언제나 말이 없고 그저 조용히 늘고 있다 어느샌가 사리를 뜨는 그런 사람이었다. 해서 눈인사만이 둘 사이의 유일한 의사표시일 수밖에 없었다. 세상엔 그런 사이가 있다. 몇 년씩 눈인사만 하면서도 서로가 서로를 알 수 있는 사람들이 있다. 우리가 그런 예가 되어 만나 오늘에 이르고 있다.

어느 날 선배는 글 쓰는 후배에게 온전한 집 하나를 비워주는 일을 하고 싶다고 했다. 내게 맡기면 유용한 일이 될 것이라 미더워 건네는 거라며 열쇠 하나를 건넨다. 그렇게 해서 꿈은 현실이 되었다.

아무런 설명 없이도 전이되는 것이 있는 것일까. 나는 그때까지도 내 꿈에 대한 이야기를 털어놓지 않았었다. 그런데 선배로부터 그런 이야기를 들었을 때 나는 내 꿈에 놀라 순간 꿈과 현실의 경계를 잃고 말았다.

그리고 얼마 후 내게 불가의 선문 같은 편지 한 통이 날아왔다.

서울 인왕산 부근에
내 삶을 펴는 場을 마련한지
四年이 지나서 터줏대감에 고하니
지나간 세월은 시간 속에 묻어두고
새롭게 열리는 앞으로의 시간을
늘 깨어서 살도록 기원합니다.
더불어 사는 모든 이웃들과 함께
편안한 보금자리가 되도록
스스로 노력하겠습니다.

아영이

새봄입니다. 매년 새롭게 맞이하는 봄이지만 금년 봄은 내게 또 하나의 의미를 갖게 합니다.

올해로 열두 살이 되는 딸아이를 바라보면서 어느새 저렇게 컸을까 실감이 나질 않습니다. 외견상 신체 발달이 뚜렷하다기보다 나이를 생각해보니 그렇다는 것입니다. 가족이라야 세 식구뿐이어서 그 아이의 일이 우리 가족 모두의 변화라 해도 지나치지 않을 것입니다. 마치 트라이앵글이라는 악기 모양의 구성을 하고 있는 우리 가족은 아영이가 있어서 투명한 소리를 냅니다.

누구네 집이든 아이들이 있어 살아가는 맛이 더하다고들 합니다만, 내게 있어 아이는 자식이면서 친구이자 남편이 보여줘야 할 자상함까지 갖고 있는 각별한 대상입니다. 아무려면 그렇게까지야 하겠지만 사실이 그렇습니다. 자기 아이이니 더 크게 느껴지는 것도 있겠지만 아영이는 여섯 살 무렵부터 어른스러웠습니다. 내가 무릎을 낮춰 그 아이와 눈을 맞추면 우리는 쉽게 친구가 될 수 있었습니다.

그 무렵 시작한 문학 수업도 함께한 적이 많았습니다. 그래서인지 아이는 유난히 감수성이 예민한 것 같았습니다. 작은 것을 보아도 늘 그것에 대한 표현을 합니다. 나는 그런 딸아이가 좋습니다.

아이가 글을 깨치고부터 바라본 엄마의 모습은 언제나 책을 가까이 하는 모습이었을 것입니다. 그도 그럴 것이 새롭게 알아지는 문학의 세계는 끝도 없는 것이어서 어느 날은 책을 여러 권 사는 적도 있었습니다. 마치 엄마들이 장을 보듯 말입니다. 그때 주위에서는 그걸 언제 읽느냐고 했지만 내 방에 꽂아두면 언젠가는 읽게 될 것이고 또 훗날의 딸아이를 위해 아낌없이 실어 날랐다는 것이 맞을 듯합니다.

틈만 있으면 엄마가 책을 읽고 있으니 아이가 책을 읽는 건 너무나 자연스러웠습니다. 조금은 영리했던지 아이는 하나를 읽으면 다른 책 이야기와 연결시키면서 동·서양의 역사를 꿰맞춘 적도 있어 사람들을 놀라게 했습니다. 우리나라의 조선조 무슨 임금 때가 영국에서는 전쟁 중이었다는 것입니다. 주위에서는 '신동'이 아니냐고 물은 적도 있었지만 우리 부부는 그저 책을 열심히 읽는 아이라고 답하곤 했습니다.

책에 얽힌 이야기는 많습니다. 하루는 자기 책꽂이의 책을 다 읽었다면서 내 방에 오더니 책 제목에 대한 의문을 내놓았습니다. 참으로 난감한 것은 고전은 간단하고 직접적인 표제인데 반해 현대의 책들은 '낯설게 하기' 경쟁이라도 하듯 알아보기 힘든 제목이 많아 설명을 해줘야 한다는 것입니다. 그 아이에겐 몰라도 된다는 말은 통하질 않습니다. 어려운 말이라도 설명을 해보라는 것입니다. 그 다음은 자기가 알아서 받아들이고 말고를 결정하겠다고 했습니다. 우선 생각나는 것만 보더라도 ≪모든 인간은 죽는다≫, ≪토끼는 부자다≫, ≪다시는 자살을 꿈꾸지 않으리≫, ≪짜라투스투라는 이렇게 말했다≫ 뭐 그런 것들이었습니다. 특히 ≪파리대왕≫은 집에 놀러온 아이의 친구들도 이상한 책이라고들 한답니다. 아이가 책에 관심을 보인 후로 걱정도 많이 했습니다. 그렇게 낯선 책들을 보며 무슨 생각을 할지 몰라서 말입니다. 나날이 즐겁고 새롭게 커가야 할 아이에게 세상의 부조리한 면을 보여주는 것만 같은 표제들이 마음에 걸렸습니다. 그러나 그건 때묻은 생각이었고 아이는 그 이상의 관심은 없어 보였습니다.

아이의 관심을 끄는 건 시집들이었습니다. 어느 날엔가 아이는 시집의 제목이 재미있다고 하면서 읽는 것이었습니다. '나는 바퀴를 보면 굴리고 싶어진다', '쥐똥나무가 수상하다'를 읽어대면서 자꾸 웃었습니다. 그리고는 책 모양도 예쁘고 얇아서 자기도 읽고 싶다는 것입니다. 아마도 만만해 보였던가 싶습니다. 하루는 그 호기심도 채워줄 겸 시집 제목으로 서로 문답놀이를 하며 아이의 상상력을 가늠해 보기도 했습니다.

안 보이는 사랑의 나라: 꿈의 나라, 안 보이면서 사랑할 수 있으니까/ **명궁**: 나도 활을 쏘고 싶다/ **바람이 바람을 불러 바람 불게 하고**: 바람끼리 마음이 척척 맞는다/ **이 시대의 사랑**: 컴퓨터 사랑/ **나를 깨우는 우리들 사랑**: 아무리 사랑으로 깨워도 나는 더 자고 싶다/ **우리들의 왕**: 아직 없다, 아니 멸종되었다/**김 씨의 옆 얼굴**: 웃는 모습이 아름답다, 엄마의 얼굴/ **아름다운 사냥**: 네잎 클로버를 찾는 것, 사랑을 잡으러 가자/ **그리운 주막**: 한 번도 안 가봤다, 그래서 모른다/ **즐거운 일기**: 우리 반 부반장이 제일 좋아하는 것/ **아버지가 세운 허수아비**: 우리는 논이 없다/ **모여서 사는 것이 어디 갈대뿐이랴**: 사람도 모여 산다/ **다른 하늘이 열릴 때**: 우리 지구는 멸망할 것이다/ **본동에 내리는 비**: 우리 동네에 내리는 비와 같다

나는 말을 받아 적으며 아이의 마음을 읽습니다. 우리가 어렵다고 느끼는 시어들을 자기 느낌대로 답하는 아이는 정말 아이답다고 생각했습니다. 어른인 내가 시를 어렵다고 생각하는 것과는 다르게 아이는 말 그 이상의 것을 알고 싶어 하지 않았습니다. 아이와의 문답 중 '나를 깨우는 우리들 사랑'에 '아무리 사랑으로 깨워도 나는 더 자고 싶다'는 말과 '아버지가 세운 허수아비'에 '우리는 논이 없다'는 대목에서는 한바탕 웃

기도 했습니다.

일곱 살 적으로 기억이 됩니다만, 아이는 그때부터 시를 짓곤 했습니다. 나는 그 모습이 이뻐 아이가 불쑥불쑥 짓는 시들을 노트 한 권에 옮겨 가지고 있습니다. 시가 얼마나 잘 지어졌는가보다는 아이가 글을 쓰고 자기 생각을 표현하는 모습을 간직하고 싶었습니다. 이를테면, 비바람 부는 날 하교 후에 지은 시에서는 "지금 추우니까 우선 엄마 치마 속으로 대피하고 싶어요"라는 표현을 합니다. 등굣길을 나타낸 시에는, "개를 만나면 소름이 쫙, 등굣길/ 슈퍼 앞에 오면 온몸이 꿀꺽, 등굣길' 그렇게 쓰고 있습니다.

어머니마다 아이에게 주는 손길의 빛깔은 다를 것입니다. 나는 아이에게 여덟 살을 맞던 생일에 국어사전을 선물했습니다. 우리말에 대해 늦둥이였던 엄마와는 다르게 어릴 적부터 글의 아름다움을 알아가며 커주었으면 하는 희망 때문이었습니다. 나의 바람대로 아이는 모르는 말이 있으면 쪼르르 사전 앞으로 갑니다. 아이가 새롭게 알아가는 말이 많아진다는 건 커 가는 징표이기도 하지만 그만큼 아이의 세상이 넓어지는 것이겠습니다. 아이가 커 간다는 것이 반가운 일이면서도 환히 웃어지지 않는 건 웬일인지 모르겠습니다.

나의 꼬마 친구가 열두 살을 맞고 있습니다. 이즈음 아이들은 성장이 빨라 내가 크던 때와 다르게 사춘기가 빠르다고 합니다. '열두 살의 봄'이라는 성장기 교육동화라는 것도 있는 걸

보니 틀림없이 내 딸아이도 변화의 시기 앞에 놓여 있는 것이라 여겨집니다. 아이는 엄마하고보다는 친구들과 함께하는 시간이 훨씬 많아졌습니다. 그리고 자기의 약속과 계획을 이야기하기 시작했습니다.

아이에게 작은 변화가 있을 적마다 노트에 메모를 남겼던 것은 그 모든 일들이 기억 속에 잠길 수밖에 없기 때문이었습니다. 아무리 작은 일이라도 부모에게 놀라움이겠기에 이 봄에 나는 스냅사진을 찍는 심정으로 이 장면을 남겨 놓습니다.

외할머니

가끔 자기 손으로 무엇인가를 만들고 싶을 때 사람들은 무엇을 하는지 모르겠습니다. 나는 딸아이와 종이 찰흙을 가지고 원하는 모양을 만들어보곤 합니다. 그것은 촉감도 좋을 뿐더러 버리는 것이 없어 마지막 한 줌이라도 쓸 수가 있는 까닭입니다. 인형을 만들면서 옷도 만들어 입혀주고 마음에 안 들면 다시 만드는데 이런 일을 하다가 외할머니 생각을 하게 되었습니다.

올해 여든다섯인 외할머니는 얼마 전부터 허리가 굽다 못해 'ㄱ'자형으로 굳어졌습니다. 뵐 때마다 양손을 앞뒤로 하여 지그시 힘을 주어 봅니다. 혹시나 펼 수 있을까 해서 말입니다. 될 수 있는 일이라면 딸아이의 찰흙으로 인형을 만들 때처럼 할머니의 허리를 반듯하게 펴드리고 싶을 뿐입니다. 그렇게 해서 가시고 싶은 곳을 마음껏 다니시게 하고 싶습니다.

그런데 요즈음은 건강도 건강이지만 그보다 더한 일이 있어 걱정입니다. 오십 년이 넘게 거의 떨어져 본 적이 없던 막내딸과 헤어지게 되어 더욱 기운을 차리시지 못하는 듯싶습니다. 할머니는 세 딸을 두셨는데 유독 막내와 이날까지 살아오신 것입니다. 그런데 갑자기 그 막내딸이 이민을 가게 되어 떨어지게 된 것입니다. 그러고 나니 당연히 맏딸인 우리 어머니에게로 오셔야 할 터인데 사시던 집에 홀로 계십니다,

할머니는 얼마 전만 해도 다니시는 일에 아무런 불편이 없으셨습니다. 허리도 지금처럼 심하게 굽지는 않으셨습니다. 아마 이번 일로 인한 상심으로 기력을 더 잃어버리신 것 같습니다. 할머니께서 혼자 계시니까 어머니의 마음은 헤아릴 수조차 없습니다. 저만 해도 손녀라 어머니의 심정을 다 읽을 수가 없는데 어머니는 하루에 몇 번씩 전화를 겁니다. 할머니가 글자를 모르시니까 그렇게 해야 안부를 확인할 수 있으니까요. 그런데 간혹 전화를 안 받으시는 날에는 두 시간 정도의 거리를 마음 조이시며 다녀와야 합니다. 이런 저런 사정을 모르시는 분들은 함께 살면 되지 않느냐고 합니다만 할머니 고집 때문에 어쩔 수가 없습니다. 언젠가는 막내딸이 돌아올 거라며 기다리시는 것입니다. 내게는 이모가 됩니다만 그러니까 이모집에는 이모가 쓰던 물건들이 그대로 있습니다. 할머니는 아침저녁마다 그 물건들을 매만지며 닦아 놓으십니다. 어느

날 아버지께서 전기를 만져드리러 갔다가 비타민제가 있어 약을 버리라고 했더니 화를 내시더랍니다. 그 애가 올 때까지 그대로 두어야 한다는 것입니다.

이모와 할머니 사이는 설명할 수 없는 무엇이 있는 것 같습니다. 막내로 자란 이모는 결혼을 해서도 할머니와 함께 살았으니 떨어져 본 적이 없는 셈입니다. 그런 이모가 오십이 넘은 나이에 갑자기 이민을 떠난 것입니다. 팔순이 넘으신 어머니를 남겨두고 그것도 희망적인 이민이라기보다는 무언가 다시 시작해보겠다며 남편과 아들과 함께 취업이민으로 간 것입니다. 그렇다면 경제적인 면을 고려했어야 했을 텐데 할머니 사시는 그 집은 그냥 놔두고 떠났습니다. 한번쯤 생각을 해보았습니다. 무엇이 이모를 떠나지 않을 수 없게 했을까. 이모는 당신 어머니뿐만이 아니라 시집간 딸에게도 어차피 헤어지는 것이라는 말을 남기고 떠났습니다.

할머니는 글자는 물론 숫자도 모르십니다. 그래도 못 가시는 곳이 없으십니다. 건강하셨을 때는 시집 오셔서 키운 조카들까지 합쳐 십사 남매의 대소사를 거의 챙기셨다고 합니다. 내가 어렸을 때는 이런 일을 몰랐습니다. 할머니가 오시면 혼자 어떻게 오셨을까 생각해본 적이 없었습니다. 이제 생각하니 글자를 모르시는 분이 어떻게 다니셨는지 신기합니다. 얼마 전에야 이런 일이 마음이 쓰여 여쭈었더니 누구네 집은 버스에 눈사람 모양의 숫자를 기억해서 타고, 아무개 집은 젓가

락 구부러뜨린 모양을 보고 타신다고 했습니다. 그 말씀을 듣고 난 후로는 꼭 택시를 태워 드리지만 얼마쯤 가다가 내려서 버스를 타고 가시니 할 수 없이 당신 편하신 대로 해 드릴 수밖에 없었습니다. 그러니 할머니 머리속에는 많은 모양의 글자들이 가득 차 있을 것 같았습니다.

어느 날은 내가 화를 내었습니다. 할머니는 왜 그렇게 사시냐고 했더니 괜찮다고 하시며 길을 모를 땐 젊은이들을 붙들고 가르쳐 달라고 하면 모두가 그렇게 친절할 수가 없더랍니다. 할머니는 세상에는 착한 사람들이 얼마나 많은지 모른다고 늘상 말씀하십니다.

이모가 이민 준비를 할 즈음, 하루는 할머니가 우리 집을 찾아오셨습니다. 또 물어물어 오셨겠지요. 웬일인가를 여쭈었더니 부탁이 있다고 하셨습니다. 이모가 이민을 가려면 가게가 빨리 팔려야 하는데 그러기 위해 미신의 방편으로 글씨 하나가 필요해서 오셨다는 것입니다. 아무하고도 의논할 수가 없었다고 하시며 부탁하는 '글자 몇 마디'는 듣기에도 민망할 정도의 그런 말이었습니다.

할머니는 딸이 이민을 가버리면 당신이 혼자 남게 된다는 것은 아랑곳 하지 않으셨습니다. 오직 딸이 원하는 이민을 빨리 갈 수 있는 길이라면 무슨 일이고 하실 것만 같았습니다. 그래서 더 이상 여쭙지 않고 원하시는 그 글을 써드렸습니다. 당신은 글을 모르시니 잘 써졌는지도 모르신 채 고맙다는 말을 남기고 가져가셨습니다. 그것이 효험이 있던지 모르지만 그 뒤 가게는 정리되고 이모네 가족은 이민길에 오르게 되었습니다.

지금도 할머니는 굽은 허리로 앞마당 텃밭에 채소랑 화초를 가꾸시고 혼자 집을 지키고 살아가십니다. 혼자 계셔서 식사도 자주 거르시는지 허리가 점점 더 굽어지시는 것 같습니다. 얼마 전에 할머니를 뵙고 허리 괜찮으시냐고 여쭈었더니 자꾸만 엎으러질 것 같아 배에다 방석 같은 것을 묶고 지낸다고 하셨습니다.

건강이 하루하루 달라지는 할머니께서 어머니와 함께 지내시면 좋을 것 같은데 고집을 꺾지 않으시니 아무도 어쩔 도리가 없습니다.

■ 작가 연보

- 1954년 서울 출생
- 1976년 同德女子大學校 졸업
- 1991년 〈隨筆公苑〉 (현 에세이문학)을 통해 등단
- 1996년 산문집 ≪사람과 사람 사이≫ 미리내 刊
  사람에 대한 사랑과 思惟가 있는 문장이 特長으로 평가됨.
- 1997년 첫 작품집을 내고 폴란드 크라코우에서 삼년 여 異邦을 살다 귀국
- 2004년 서간에세이 ≪붉은 유뮈≫ 미리내 刊
  삶의 양식이자 구도와 동경의 길로 비유되고, 타고난 唯美的 체질을
  보여주고 있다고 평가됨.
  탐미문학상 수상
- 2014년 자전 에세이 ≪시로써 시를 말하고 마음을 쓰네≫ 북나비 刊(한정본)

- 2003년-2013년 계간 「선수필」 편집위원, 운영위원
- 2014년 「선수필」 10주년 기획 「한국현대수필 75인선」 편집, 표지화 그림.

• 1992년- 2007년 피천득 선생과 인연이 닿아 권오분 수필가와 함께 오랜 세월 문답을 이으며 문학과 인생에 대한 영향을 받음.

• 2002년- 2008년 2002년 5월부터 100일간 토지문화관 문학숙사에서 작품구상 및 정리시간을 가짐. 아버지를 여읜 충격으로 토지문화관으로 피속. 삭발한 모습으로 지내며 박경리선생과 깊은 연이 이어짐.

• 2014년 제1회 〈지금, 여기 Now & Here〉 그림전

• 2014년 제4회 그림으로 보는 한국문학작품 공모전에서 – 김상용 시 〈반딧불〉로 우수상 수상

• 2017년 현재

한국문인협회 회원, 국제펜클럽 한국본부 회원 활동을 하지 못하고 문학모임의 조리개를 좁혀 현재는 양재회 동인으로, 자연을 사랑하는 「문학의 집 · 서울」 회원으로 활동하며 그림그리기에 전념하고 지냄.

현대수필가 100인선 Ⅱ · **33**
김훈동 수필선

북촌에서

초판 인쇄 2017년 11월 25일
초판 발행 2017년 11월 30일

지은이 김훈동
펴낸이 서정환
펴낸곳 수필과비평사 · 좋은수필사
주소 서울시 종로구 삼일대로 32길 36(운현신화타워 빌딩) 305호
전화 02)3675-5635, 063)275-4000 **팩스** 063)274-3131
등록 제 300-2013-133호
이메일 sina321@hanmail.net essay321@hanmail.net

저자와 협의, 인지는 생략합니다
잘못된 책은 바꿔 드립니다

ISBN 979-11-5933-133-6 04810
ISBN 979-11-85796-15-4 (세트) 04810

값 8,000원

이 도서의 국립중앙도서관 출판예정도서목록(CIP)은 서지정보유통지원시스템 홈페이지(http://seoji.nl.go.kr)와 국가자료공동목록시스템(http://www.nl.go.kr/kolisnet)에서 이용하실 수 있습니다.(CIP제어번호:CIP2017031203)